SV

Band 989 der Bibliothek Suhrkamp

Erica Pedretti
Valerie oder
Das unerzogene Auge

Suhrkamp Verlag

Erste Auflage 1988

Druck: Nomos Verlagsgesellschaft, Baden-Baden
Printed in Germany

Valerie oder Das unerzogene Auge

1

DIE CHINESEN schlagen ihren Feinden die Köpfe ab, hör ich meinen Vater sagen, sie hauen ihnen die Köpfe ab und spießen die auf Pfähle: Zäune, mit blutenden oder schon verkrusteten, eingetrockneten, ausgedörrten, vom Regen, Schnee und Wind entfleischten, von der Sonne gebleichten Schädeln besteckt.
(Mi-it Näglein be-esteckt, schlü-üpf u-unter die Deck!)
Kindergeschichten.
– Die Chinesen sind keine Eroberer, sind keine Imperialisten, sie haben Land genug, sie sind sich selbst genug, sie haben keine Feinde.
Sie sind sich selbst Feind genug. Sie schlagen sich ihre Köpfe ab, ein Nachbar dem anderen, ein Stamm dem anderen, die Männer eines Stammes fallen über die Männer eines anderen Stammes her und stecken ihre Schädel auf die Spitzen ihrer Gartenzaunlatten: weg mit den Köpfen.
Weg mit meinem Kopf.

Valerie liegt im Bett, sie hätte auch aufstehen können, trotz ihrer Schwäche, aber wozu, draußen schneit es, die schwebenden Flocken machen sie schwindlig, schläfrig, und so wie die Flocken fallen die Ereignisse der letzten Zeit herab, fallen über sie her.

Sie hätte einen Bericht über ihre Chinareise schreiben sollen. Eine Reise, an die sie nie recht geglaubt hatte.
– Was soll ich in China? Bin ich mir hier selbst nicht genug? Wozu Kulturaustausch, mit einer Theatergruppe auf Chi-

natournee, warum schickt ihr nicht jemand anderen an meiner Stelle?
– Freu dich, daß es grade dich und keine andere trifft.
– Und Franz? Wenn schon, wären wir gerne miteinander gefahren. Schickt jemand anderen.
– Warum freust du dich nicht?
– Ich glaub es noch nicht.

– Weg, fahr doch fort. Glaub es nicht, vielleicht ist die Diagnose falsch.
Wie gut es ihr ginge, wenn sie alles, was jetzt in ihrem Kopf geistert, los wäre, wenn sie ihren überlastigen, zum Zerspringen vollen Kopf los wäre. Diagnose Prognose Geschwür Tumor Strahlen Strahlentherapie Chemotherapie Hormontherapie Immuntherapie Chirurgie. Abhauen abschneiden, weg mit dem bluttropfenden Zeug.
– Keine Schmerzen, noch nicht einmal Kopfweh.
Sie glaubt es noch nicht, denkt Franz.
– Denkst du.

Da wirst du beauftragt, über eine bevorstehende Reise zu berichten, und statt zu weinen, sagst du munter:
– Ich könnte von einer anderen Reise, einer Reise in anderer Richtung berichten, oder nein, nur nicht berichten müssen.
Vielleicht schneit es in China, wie hier. Schräg treiben größere Flocken. Sie legt den Telefonhörer auf. Hinter den Pflanzen, die vor dem Fenster hängen, schneit es. Franz wird an einem Sonntag nicht anrufen. Zwischen den Blättern und den Schneeflocken ist das Glas. Er weiß kaum, daß es Sonntag ist. Es muß kalt sein, allein durch den Anblick dringt die Kälte ins Zimmer. Mi-it Näglein be-esteckt, schlü-üpf u-unter die Deck.

Wo es schmerzt, ist nichts, und dort, wo du nichts spürst, gehst du zugrunde.
Wenn ich von nichts wüßte. Dann könnt ich schlafen.
Abhauen abschneiden, weg mit dem bluttropfenden Zeug.
Weg mit dem Kopf. Wie bring ich die Gedanken in eine andere Richtung. Sie wußte es seit Tagen und sagte es Franz nicht.
– So etwas gab es schon einmal ganz anders.
– Kaum anders. Was ist Tod, kann man das denken? Was ist das, eine Geburt?
Kann man sich Schmerzen denken?
Der Kopf, eine ratternde, heißlaufende, aus der Kontrolle geratene Maschine rast davon.

Sie liegt im Bett, schaut ruhig dem Schneien zu, wartet kaum mehr auf Franz, und das ist erst der Anfang.

2

DAS MODELL, sächlich, das stimmt. Stimmt ganz genau: eine Sache. Die Sache hat mit mir, Valerie, nichts zu tun, mit dem, was ich fühle, was ich mir denke, hat mit der, die ich bin, gar nichts zu tun, und mit meinem Körper, diesem weiblichen Körper, und mit meinem Gesicht nur ganz oberflächlich: Umrisse, Linien, Proportionen, Farben, Valeurs.
Die wissen gar nicht, wovon sie reden, wenn sie immerfort von Liebe reden. Das hat mit Liebe wenig, vielleicht nichts zu tun. Selbst wenn sie mal dagewesen ist, die Liebe, und das war sie ja, und flackerte sie nicht immer wieder mal auf? doch, zu Zeiten fast täglich, so verschiebt sich dieses Verlangen, jedes Interesse, weg von mir und aufs Papier. Die Liebe zu mir ist zum Anlaß geworden, zu nichts mehr, sie hat seine eine Liebe neu entfacht, darf seiner wahren Liebe Modell stehen. Ein frierendes Modell, das zuschaut, wie sein Gesicht, der Körper, Umriß, Linien, Flächen, Strich um Strich neu entstehen, auf einem Bogen Papier auferstehen. Ich höre, wenn ich nicht hinsehe, den Stift kratzen, Pause, Kratzen. Nein, er schaut nicht mich an. Es ist der Verlauf einer Linie, ich weiß, es ist meine linke Hüfte, die Franz jetzt fixiert. Sobald er zu zeichnen anfängt, sobald er auch nur ans Zeichnen oder Malen denkt, versinke ich, bin ich für ihn nicht mehr vorhanden. Bin nicht mehr, bin nichts wesentlich anderes als ein Berg, ein Tisch, ein angeschnittener Apfel. Eine Frage von schwer zu reproduzierenden Farbflecken, Glanzlichtern, Linienverläufen. Und das ist so deutlich spürbar, sichtbar wie der Wechsel in der Beleuchtung einer Landschaft.

WENN WIR HEITER SIND BEI BLAUEM HIMMEL, sagt Franz und zieht sie zu sich auf die mit Grasbüscheln und Steinbrech spärlich gepolsterte Felsstufe, und bevor sie sich richtig draufsetzen, sich bequem niederlassen kann, drückt er Valerie lachend an sich:

– Schau! Schau um dich, diese Farben, wie das Licht mit den Wolken wandert und da, er streichelt ihren Hals: diese lila Schatten! Wenn wir heiter sind, so nicht wegen der Klarheit des Wetters, des Kontrastes der belichteten und beschatteten Flächen

Sie lächelt, obwohl ihre Stellung ungemütlich ist, glücklich, weil sie ihn, belichtet beschattet ist ihr doch einerlei, weil sie ihn so nah hat, ihn warm und heftig neben sich, an sich gedrückt spürt, erheitert hört sie ihm zu, aber wie kann er jetzt nur so und von sowas reden:

– Sondern auch und vor allen Dingen sind wir heiter, fährt er fort, um sich gleich zu unterbrechen: ach, du solltest dich jetzt selber sehn! wegen des lachenden Spiels der gefärbten Schatten, schreibe Hodler, sagt Franz, Schatten, die anstatt grau, wie man allgemein fälschlicherweise nicht nur annimmt, sondern auch malt, die Augen vor der Wahrheit verschlossen, im grauen Atelier malt, während die Schatten aber tatsächlich durchtränkt sind von Blau und Violett, in deren Mitte das Orange der Reflexe schimmert.

DIE AUSSICHT AUF WASSER vor einem mit grünem Gebüsch bewachsenen Hügelzug, Schatten vorn auf dem Wasser, dort wo es flach auf dem Strand liegt, der Schatten einer Palme, die Valerie sehen kann, wenn sie aufsteht. Im blauen Himmel rechts oben ein kleines rotes Licht mitten in einer zerfasernden Wolke. Vorn geht das Wasser über in blaugrün wasserähnlich meliertes Linoleum, zwischen grünen Vorhängen. Ein blauer Vorhang begrenzt rechts hinten das Meer. In den beiden Längswänden je vier Türen der Umkleidekabinen, die direkt in die Röntgenräume führen. Links zumindest, weiß Valerie, weil sie gerade vom Röntgen kommt und jetzt auf die Aufnahmen wartet, auf einem Stuhl, dessen Lehne einen prachtvollen Sonnenuntergang berührt, der durch einen Streifen Plexiglas vor nervösen Wartenden geschützt wird. Ficus benjaminii und auf einen dicken Stamm gepfropfte Yucca in weißen Plastikbehältern, von Spots beleuchtet.

– Bitte kommen Sie noch einmal, wir müssen die Aufnahme wiederholen.

– Nochmals röntgen?

– Das ist ganz ungefährlich, sonst wär ich selber ja nicht mehr da, sagt die Röntgenassistentin.

– Kein gesunder Beruf, meint Valerie.

– Man muß halt optimistisch sein, sagt die Assistentin.

– Wer redet da von Geschwür, nein, der Tumor, vielleicht ist es auch nur eine Zyste, ist nicht auf dem Bild, nochmals das Ganze, sagt der Röntgenologe, macht nichts, das ist nicht gefährlich.

– Waren Sie schon mal hier? fragt die alte Frau, die neben Valerie wartet.

– Nein, ich komme zum ersten Mal.

– Ich kenn den Betrieb, ich bin vor sieben Jahren an der Gallenblase operiert worden. Erinnern Sie sich, Schwester?

– Da war ich noch in der Ausbildung, sagt die Assistentin, und ist schon aus der Tür.

HEITER BEI BLAUEM HIMMEL: Franz hält Valerie, die sich ein wenig sträubt, vor sich, hat genügend Abstand genommen, um sie als Bild, eins, das er malen wird, betrachten zu können:
– Die Farbe der Schatten ist bei schönem Wetter wirklich blau und violett: du solltest dich jetzt so sehn können, und für die Bäume nehm ich Ultramarin, das kannst du, schau dort, genau beobachten. Alle Blätter, alle belichteten Blätter glänzen, fallen zusammen zu einer einzigen glänzenden Masse. Und was für angenehme Gefühle dieser Akkord von Blau und Grün (auch bei Hodler) hervorruft!
Was für angenehme Gefühle er, seine Gegenwart hervorrief, hervorgerufen hatte, bevor er sie vor sich gestellt, aus seiner Körperwärme heraus und an die Luft und ausgestellt hatte.
Das Gras war weniger grün, der Himmel leuchtete nicht mehr, keine Heiterkeit, Margeriten und Glockenblumen undsoweiter undsoweiter, man weiß ja schon, was es in einer Gebirgslandschaft alles gibt, was vorhin gerade noch prächtig geblüht und gestrahlt hatte, blühte wohl, aber strahlte nicht mehr, war also gar nicht mehr der Rede wert.
Sollte ich ihn in die Arme nehmen, sein Gesicht an die Brust, ihm die Augen verschließen? Wäre gut möglich hier, nur ließ er sich meist sehr widerwillig umarmen, umarmte lieber selbst, dann wann er wollte, dann wenn er nichts oder nicht viel sah. Blind also kam er mir näher, war er bei mir, blieb mir seine Liebe, im Dunkeln war ich seiner sicherer, war ich auch meiner selbst sicher. Nicht hier.
Hier gibt es vor allem anderen das Blau unter dem Ohr bis zum Haaransatz, gleich fängt er, und wärs nur im Geist, zu

malen an, orangefarbene Reflexe auf Backe und Stirne, er denkt nur noch an Akkorde, Wiederholungen:
– Der Reiz der Farbe liegt vor allem in ihren Akkorden, in der Wiederholung von Nuancen derselben Farbe.
Während sie von einer ganz anderen Harmonie träumt, sagt oder zitiert er, daß die sanften Harmonien leichter in die Seele einzudringen, daß sie wirklich die Lieblingsakkorde des Herzens zu sein schienen, er redet von der Musik der Linien, und
– zum Teufel, so schweig doch!
während er Hodlers Theorie nachsinnt, beschleicht sie Unbehagen, Ärger:
– Was war das, bis vorhin, für ein herrlicher Tag! Du und ich in einer strahlenden Landschaft, einer so großartigen Landschaft, als hätte Hodler sie gemalt: der sanfte Abhang vor uns, gelb von Löwenzahn, das dunkle Gestrüpp, ultramarin vor dem See.
(Es folgt die detaillierte Schul-Bildbeschreibung einer Sommerlandschaft mit Schweinfurtergrün, Neapelgelb, Siena und grünem Ocker bis zu den Wolken, die hinter der fernsten Felskette langsam auftauchen und im klaren Himmel vereinzelt fast als Kreis vordringen. Mehr als einmal bereits gemalt, bekannt, sie könnte sich die Beschreibung auch schenken.)
– Nur du und ich und ich seh sowieso schon alles so wie du es siehst, wir sehen längst alles, als wären wir eins, als wären wir nur noch einer: du. Alle, die uns stören könnten, Mutter und Berta und auch das Kind, sind fern, ich hätte deine Frau jetzt nicht erwähnen müssen, egal, wir könnten uns jetzt, heiter bei blauem Himmel, leben lassen, du könntest für einmal vergessen, das, was wir erleben, umgehend aufzuzeichnen.

Was ist das für ein Mensch, der alles darstellen, sichtbar machen will, der lebt, nur um dieses Leben zu notieren? Als ginge alles, was ihm nicht aufzuzeichnen gelingt, für immer verloren. Und lebt nur wirklich, wenn er malt, lebt in seinen Bildern, und alles, wirklich alles wird ihm zum Stoff, wird schönes oder interessantes Material, alles, woran mir liegt, was für mich lebendig ist, das, was ich um nichts in der Welt verlieren möchte. Wie ich ihn um nichts in der Welt verlieren will.

Sie hört ihm also weiter zu, notgedrungen.

– Daß Disharmonien aber, wie du sagst, und daß Kontraste überraschen und erregen, das stimmt, daß sie dem Nervensystem Gewalt anzutun scheinen, das spür ich auch, sagt sie ihm, erregt und verärgert über den verpaßten Nachmittag.

Doch seien, sagt er, die Übergänge von einem weichen Akkord zu einem kontrastierten, harten (nach Hodler) häufige Empfindungen im Leben. Und all dieser Reichtum von Farbe, diese hellen und dunklen Flecken, die Kontraste und die wechselnden Akkorde zitternder Töne seien ein Geschenk des Lichts.

Während Valerie gemeint hatte, die anfängliche Heiterkeit dieses Tages habe etwas mit ihr selber zu tun, daß, so wie ihre angenehmen Gefühle durch seinen Anblick, seine Nähe hervorgerufen wurden, auch sie, wenn man schon von Geschenken redete, wie ein Geschenk an seinem glücklichen Zustand beteiligt wäre. Hatte sie gehofft.

Franz schirmt seine Augen mit der flachen Hand vor der jetzt niedriger stehenden, ihn blendenden Sonne ab:

– Eine allzustarke Belichtung beeinträchtigt die Schönheit des Rots und der anderen Werte, und nur die transparenten Farben behalten ihre Wirkung.

Doch Valerie mag nichts mehr hören, überhört das scheinbare Seufzen der Blumen unter dem heftigen Ansturm des Lichts, ihr Verblassen, und was Franz sonst noch in diesem Zusammenhang zu zitieren hat.

Da ist eine Wand, ganz durchsichtig zwar und darum meist gar nicht bemerkt, wie die Dürerscheibe, die Franz im Atelier zwischen sich und Valerie, zwischen sich und alle Modelle stellte. So als wäre eine Trennung unbedingt nötig, als dürfte oder könnte er sie nicht direkt sehen und zeichnen, als dürfte das, was er bewunderte oder gar liebte, und was er einfangen und festhalten wollte, nicht unvermittelt, sondern nur hinter diesem Glas, gerahmt und mit einem von ihm selbst fixierten Blickpunkt ihm gegenüberstehen. So als fürchtete er, selbst eingefangen und festgehalten zu werden. Oder in seiner Freiheit, über sich und über andere, wie jetzt gerade über mich, verfügen zu können, eingeschränkt oder ganz gehindert zu werden, denkt Valerie: als könnte ich so einmal über ihn verfügen, er könnte sich verlieren, wäre verloren. Und alles, seine Kunst, das Konzept seines Lebens wäre, so meint er, dahin.
– Warum?

– Die Dürerscheibe, deren Hodler stets mehrere besessen und verwendet haben soll, erklärt Franz, besteht aus einer gerahmten Glasscheibe, die sich in den Fugen eines einfachen Holzgestells, leicht und transportabel, in senkrechter Richtung verstellen läßt. An diesem Rahmen ist ein Arm angebracht, der das Fixieren einer etwa einen Zentimeter weit gelochten Karte oder einer kleinen Blechscheibe zwischen dem Auge und der Glasscheibe erlaubt. Je nach dem Abstand dieser Karte zur Scheibe erblickt man den Gegenstand größer oder kleiner. Das Größenverhältnis des Scheibenbildes kann natürlich auch durch die Entfernung der Scheibe vom Gegenstand selbst mehr oder weniger geregelt werden.

KABINEN 1-7, beim Aufleuchten des grünen Lichts über der Anmeldekoje erscheint im Warteraum hell die entsprechende Zahl. Der nächste wird von einer älteren Frau in die Kabine gewiesen. Personalien, einweisender Arzt, Abteilung, Nummer. Das Mädchen hat beim Fragen und beim Tippen den Blick auf dem Bildschirm, der schräg vor ihr, zwischen ihr und mir steht.
An der Wand: 1. mutations code PAVA & SID/ a) mutieren ohne ausdrucken / b) mutieren mit ausdrucken PAVM N, / c) vertauschen des Garanten, undsoweiter: chinesisch.
So schnell wie sie tipp ich auch. Ich bin hereingekommen, antworte und gehe hinaus, sie schaut mich kein einziges Mal an.
– Und wie komm ich jetzt zur Nuklearmedizin?
Lange, künstlich beleuchtete Gänge. Automatisch öffnen sich die Glastüren, schließen sich lautlos hinter der Patientin.

IM ATELIER sagt Franz:
– Rede, sag doch was, sagt er, wenn er nicht arbeitet. Und manchmal auch beim Zeichnen, ja selbst dann. So als käme es ihn leichter an, als käme der Strich unbefangener, ungehemmter aus ihm, aus seiner Hand, wenn er von eigenen Vorstellungen, von seiner Zielstrebigkeit abgelenkt, ihrem Reden, wie Musik, lauscht. Das Wort tönt etwas eigenartig,

aber es handelt sich, das spürt sie, um Lauschen, er hört sie, doch er hört ihr nicht zu. Er schaut jetzt auf meinen Mund, merkt sie und versucht, den ausführlich begonnenen Bericht über den gestrigen Arztbesuch abzukürzen, jetzt auf die Frisur, den Haaransatz und, darüber durchscheinend, wie ein Schleier, das Haar vor der Wand, ihre Wörter kommen zögernd, leiser, jetzt schaut er durch mich hindurch, mein Gesicht ist ein ganz bestimmter Ton, Farbton, eine Helligkeit, ein ganz bestimmter Tonwert,
– Valeur heißt das,
vor der Tapete.

Das hatte sie, wie er, alles einmal in Zeichenstunden gelernt. Wenn man es auch für vornehmer gehalten hätte, ihre Begabung verkümmern zu lassen, so war das nicht ganz gelungen. Immerhin hatte sie es durchgesetzt, auf eine Schauspielschule zu gehen. Ja, warum denn nicht ans Theater oder ein wenig Zeichnen, bis sie etwas Besseres wußte, bis sie einen Mann oder ein Mann sie fand. Nichts Ernstzunehmendes. Noch nicht einmal von ihr selbst, sie fühlte sich freier und unbelastet, wenn sie das, was sie tat, als Hobby ansah. There is no disputing against HOBBY-HORSES; and for my part I seldom do; nor could I with any sort of grace, had I been an enemy to them at the bottom; for happening at certain intervals and changes of the Moon, to be both fiddler-(writer) and painter, according as the fly stings: – Be it known to you, that I keep a couple of pads myself, upon which, in their turns, (nor do I care who knows it) I frequently ride out and take the air; – though sometimes, to my shame be it spoken, I take somewhat longer journeys but what a wise man would think altogether right. – But the truth is, – I am not a wise man; – and besides am a mortal of so little consequence in the world, it is not much matter what I do.*

Wenn sie notierte oder skizzierte, einen halben Tag lang versuchte, etwas darzustellen, aufs Papier zu bringen, was sie vor sich stellte oder sich vorstellte, so versteckte sie das Papier schnell, bevor jemand ins Zimmer kam, was ihr unerzogenes Auge zustande gebracht hatte, sollte niemand sehn, und vor allem Franz sollte von diesen hilflosen Versuchen nichts erfahren. Verglich sie das, was sie tat, mit dem, was er tat, und wie sie es tat, und wie er immer wieder von neuem ans gleiche ging, noch und noch einmal von vorne anfing, so traute sie sich diese Besessenheit nicht zu. Lieber etwas leicht anfassen, und wärs auf die Gefahr hin, leichtfertig zu sein. Doch um die Wahrheit zu sagen: Ich bin eine Frau; ich bin kein kluger Mann – und überdies eine Sterbliche von so geringer Konsequenz in dieser Welt, daß wenig daran liegt, was ich tue; so zerreiß ich mich deswegen auch nur selten.

Leichtfertig: Franz war das, im Gegensatz zu ihr, nicht.

Er unterbricht seine Arbeit, wenn irgend möglich, nicht.

Zweifelt wohl nie an ihrem Wert, oder fast nie. Solange er in

* Gegen Steckenpferde läßt sich nicht streiten; und ich meinesteils tue es selten; auch könnte ich es wohl kaum mit einigem Anstand tun, selbst wenn ich ihnen von Grund auf spinnefeind wäre; denn da ich zu gewissen Zeiten und Mondwechseln sowohl geige als den Pinsel schwinge (oder schreibe), je nachdem mich gerade der Haber sticht: – So sei es Euch kundgetan, daß ich mir selbst ein paar solche Gäule halte, auf denen ich abwechselnd und (es ist mir schnurz, ob man das weiß) häufig aus- und spazierenreite; – wiewohl ich zu meiner Schande gestehen muß, daß ich bisweilen länger im Sattel bleibe, als ein kluger Mann für durchaus ratsam halten möchte. – Doch die Wahrheit zu sagen, – Ich bin kein kluger Mann; – und überdies ein Sterblicher von so geringer Konsequenz in der Welt, daß wenig daran liegt, was ich tue. (Leben und Ansichten von Tristram Shandy, Gentleman, übersetzt von Michael Walter. Zürich, 1985)

der Arbeit bleibt, kommen kaum Zweifel auf, je dichter der Stoff, desto weniger Durchsicht, je dichter die Arbeit, desto weniger kannst du den Blickwinkel verändern, solange du innen bist, siehst du, was du machst, nicht von außen.

DAS GÄNZLICH UNERZOGENE AUGE sieht nicht in derselben Art wie das Auge des Geübten Form und Farbe der Dinge. Es begreift nicht alle Werte der Erscheinung, jenen Rhythmus der Formen, der durch Bewegung, Stellung und Gestus erzeugt wird, schreibe Hodler. Vor allem aber wird es dem Tempo der Bewegung nur mühsam folgen können, sagt Franz.

Wie er vor ihr auf und ab geht, die Hände auf dem Rücken, nicht sie anschaut, sondern das angefangene Bild, wie könnte ich diese Bewegung festhalten, denkt sie, wie könnte ich, denkt er, mag sein, daß man die Physiognomie eines Menschen wiedererkennt, so wird man doch die genauen Formen seines Kopfes gänzlich vergessen haben.

– Glaub ich nicht, daß ich deinen Kopf je gänzlich vergessen könnte.

– Sowas glaub ich oder seh ich erst auf dem Papier. Man sieht einen Baum und weiß, das ist eine Platane oder dergleichen; dieser Baum ist groß oder klein.

– Aber das wird auch alles sein.

– Wer diesen Baum bildlich darstellen wollte, müßte die Proportionen jedes einzelnen Teils begriffen haben. Und dann: die Proportionen eines Objektes zu erfassen, das sich von einer ebenen Fläche abhebt, wird einem unvorbereiteten Auge niemals gelingen, zitiert Franz.

Aber sich hier und da etwas abschwindeln wie diese Skizzen, denkt Valerie, war das so leichtfertig, gelegentlich sich

gegen Widerstände etwas abzuzwingen? Denn keine der Darstellungen ist ihr leichtgefallen.
Wie sonst, wie könnte sie, anders als arbeitend, vergessen, daß er jetzt zuhause, bei Berta zuhause war? Kaum möglich, das zu vergessen, oder zumindest nicht ununterbrochen daran denken zu müssen.

– Ich würde aus dem Fenster springen, hatte eine Kollegin gemeint: mit vierzig schwanger, schon im fünften Monat, und von so einem Typ. Der ist mindestens sechzig. Und siehst du denn nicht, was ihm seine Frau bedeutet?
Sie wußte es seit Wochen und sagte es Franz nicht.
– Er könnte ja der Großvater dieses Kindes sein.
Kaum möglich, nicht ununterbrochen daran denken zu müssen.

Etwas Bestimmtes, oder auch etwas nicht zum voraus Bestimmtes aufzuzeichnen, hatte bald einmal nichts Leichtsinniges mehr an sich. Leichtsinn, das war jetzt ein Kind.
– Du könntest die Großmutter dieses Kindes sein!

Das Einverständnis mit anderem, oder auch Widerspruch, Stellen in einem Text, Bilder, vor allem bestimmte Bilder von Franz, machten ihr Lust zu eigener Arbeit. Einmal, vor zwanzig Jahren, hatte sie sich Kinder gewünscht.
– Aber du freust dich?
Sie hatte sich eine Geburt nicht richtig vorstellen können. Gottseidank wußte sie nicht, was ihr bevorstand, denn beinahe wäre sie dann daran gestorben.
– Und seither hab ich mich nicht mehr auffangen können.
– Das Kind freut dich doch?

Ja. Wie die Kleine sie beim Stillen anschaut, und der strahlende Blick beim Füttern, wenn Valerie sie schaukelt, mit ihr auf dem Arm herumgeht, beim Wickeln:
– Ein Wunder. Aber ich glaub es nicht.
– Und ich male ja auch für dich, sagt Franz, du hast das Kind, könntest dich mehr um mich kümmern, da und dort helfen.
– Wie Berta? So wie Mama: eine spezielle Begabung, nicht meine. Und dem Kind fehlt nichts, nein, dem geht nichts ab.
Was hemmt sie, die Mühe Arbeit zu nennen?
– Er soll doch tun, was er will, vieles wird jetzt nebensächlich, gehn, wohin er will, er soll essen, was er will, oder was Berta ihm liebevoll angerichtet hat.
Nein, noch nicht einmal das: sie denkt, solange sie etwas aufzeichnet, gar nicht an Franz.

FRANZ ANTWORTET für Valerie, beantwortet seine eigenen Fragen, und sie kennt ihn und lächelt wie über ein etwas vorlautes, auf sich selbst konzentriertes, sich vor ihr, durch sie bestätigendes Kind.
Und doch hatte er so viel Erfahrung, hatte so viel erlebt, so viel so intensiv gearbeitet wie kaum ein anderer. Er lehrte sie die richtigen Antworten, und sie war bereit, zu lernen. Glücklich und stolz teilte sie seine Ansichten und bemerkte, wie der, den sie liebte, sich bei ihr wohlfühlte.
Auf seine Erfahrungen, seine Ansichten und Antworten werde ich, das heißt wird Franz, sobald er mehr Zeit hat, und dazu wird es bald kommen, noch genauer eingehen, das alles wird sie wiederholt und ausführlich zu hören bekommen.

Deine Erzählung, gestern abend, hat mich betrübt, schreibt Valerie an Franz: Bitte laß mich von jetzt an immer wissen, wenn es dir schlecht geht, wenn du, Gott behüte, krank im Bett liegst, und du niemanden hast, der dich pflegt. Nein, niemand außer mir soll dich gesundpflegen, niemand außer mir soll dann bei dir sein. Entsetzlicher Gedanke, krank, mit Fieber oder Schmerzen allein dazuliegen, weit und breit kein guter Geist, keine liebevolle Seele
(Und darauf folgt etwas über die natürlichen Aufgaben der Frau undsoweiter: etwas, was Hodlers Geliebte noch schreiben konnte, aber doch nicht du, Valerie!)

20 m Ci 99 Tc – Methylen-di-Phosphat/ Gammastrahler/ Energypeak 140 kcv/ Gamma-Kamera: Was immer sie wissen will, schreibt ihr der medizinisch-technische Assistent sogar auf. Das Personal ist sehr freundlich, gibt bereitwillig Auskunft.
– Ich sollte Chinesisch lernen.
Valerie übergibt einer jungen Assistentin ihre gerade empfangene Patientenkarte aus Plastik, die vorgestrigen Röntgenaufnahmen und den Brief ihres Arztes, und die erklärt ihr, was gespritzt wird. Ja, das stimmt, sie sei während der nächsten vier Stunden radioaktiv.
– Nur eine Spur, doch es empfiehlt sich nicht, ein Baby auf Ihre Arme zu nehmen.
– Ich hab es zuhause gelassen.
Das Mädchen selber ist aber, wie das übrige Personal, ungeschützt.
– Man muß optimistisch sein. Sie meint, wie vorgestern die Röntgenassistentin, ihre eigene Gefährdung. Sie und der Arzt, der jetzt spritzt, reden angelerntes Deutsch.
– So, hat das Mittagessen geschmeckt? fragt der junge

Mann, als Valerie pünktlich drei Stunden später atemlos vor seiner Kabine steht.
– Ich mußte aufpassen, es mir nicht zu versalzen.
– Aber so schlimm ist das doch nicht!

Langsam wird der Schragen mit Valeries Körper vom Scheitel zu den Fußspitzen unter der Gamma-Kamera durchgezogen, eine fast unmerkliche, stetige Bewegung. Vorsicht! steht auf einem Plättchen am Gerät, beim Vorbeigleiten bleibt genügend Zeit zum Lesen:

ATTENTION

As part of normal procedure, observe the Brake mechanism at the top of this column. It should locate in the direction of the arrow whenever the head is moving down under power. The Brake does not rotate when the device is moving up.
– If the Brake fails to rotate in the direction of the arrow
– If the Brake seems to jam and the detector head won't move under power
– If an unusual noise accompanies updown operation
THEN
1. DO NOT ATTEMPT TO USE THIS INSTRUMENT
2. DO NOT ATTEMPT TO FREE A BRAKE MECHANISM THAT HAS JAMMED
3. CALL YOUR LOCAL SERVICE OFFICE
– Können sie Englisch? fragt Valerie.
– Nein, sagt die Assistentin.

DIE KLEINE SCHWARZE KATZE ist auf Valeries Bett und auf ihren Schoß geklettert, hat sich an die Außenseite ihres Handgelenks geschmiegt, sich eingerollt, die regelmäßige

Bewegung der schreibenden Hand scheint sie in den Schlaf zu wiegen.
Ohne Anmeldung sind Handwerker angekommen, untersuchen die Wasserleitung, reden, gehen hin und her, was ich tue, ob sie mich stören, das interessiert sie nicht. So als wäre meine Wohnung ein öffentlicher Ort, als hätte ich jederzeit ordentlich für andere bereit zu sein. Nicht einmal Zeit, um die Türe zu schließen.
Und weg ist, was eben noch

Eingerollt liegt sie in meinem Schoß, die Katze. Kein Kind. Denk an was anderes:
– Wenn ich mir etwas im voraus zu lange überlege und dies gründlich Durchdachte notiere, langweile ich mich wie bei einer Wiederholung und kürze umgehend den Gedankengang so ab, daß er für andere fast unverständlich wird.
– Verhindert die Vorbereitung die spontanen Einfälle, alle Einfälle? vielleicht das Wichtigste?
– Aber was ist das Wichtigste?
Oder es passiert etwas Unerwartetes. Hoffentlich passiert bald etwas Unerwartetes.
– Ich wünsch dir ein Wunder, hatte sie einem todkranken Freund beim Abschied gesagt.
– Das ist genau das, was ich brauche.
Das Wunder, unverwundbar und leicht zu werden.

Jetzt hat der kleine Kater ihren Stift entdeckt, die Bewegungen des silbernen Druckers zuoberst faszinieren ihn, er schlägt zu, beißt in ihn, und dabei will sie schreiben? Überhaupt folgt eine Störung der anderen. Sie könnte natürlich die drei jungen Katzen, die immer wieder zu ihr heraufklettern, und die sie nach längerer Nichtbeachtung plötzlich in

ihrem Schoß schlafend findet, die jetzt gerade an ihrem Hemd hinaufklettern, ihre Rippen kratzen, aus dem Zimmer ausschließen.
– Aber dazu müßt ich ja aufstehn.
Sie könnte auch den Telefonstecker herausziehen. Sie scheint aber so genau die Situation hergestellt zu haben, die für ihre Skizzen nötig sind:
– Jetzt, diese Minute, oder nie.

Die Angst, nicht zu genügen.
– Gäbe es nichts, was mich bei meinen Vorhaben behindert, sagt sie ihm (mein Gott, muß sie ihm das denn sagen?), gibt es das einmal nicht, was meine Arbeit verhindert, so riskiere ich die schmerzliche, vielleicht tödliche Einsicht, zu meinem Vorhaben gar nicht fähig zu sein. Diese Angst ist größer als alle äußere Behinderung. Und so wird die Behinderung endlich gerade zu dem, was mein Vorhaben ermöglicht. Denn indem ich in den Pausen, den Zwischenräumen, darangehe, meine Vorstellung zu verwirklichen, immer mit dem Wissen, gleich, vielleicht noch diese Minute, gestört, unterbrochen zu werden, denk ich: jetzt oder nie, bring ich stückweise das zustande, was ich auf großen Strecken mich nie zu tun getrauen, mir im Grunde gar nicht zutrauen würde.

Es passiert doch noch Unerwartetes, wenn auch kein Wunder: wie sie heute zu etwas fähig ist, und wärs nur ein halbgeglückter Versuch, etwas aufs Papier zu bekommen, was ihr gestern unmöglich schien.

Am oberen Rand eines abschüssigen verwilderten Gartens steht ein großes altes Haus. Geschwärzte Ziegelwände, hohe schmale Fenster, verdunkelt von Bäumen, die zu nah in die Höhe geschossen sind.

Ich versuche vergeblich, ein kleines Kind zu vertreiben, das meine Blumenbeete, die ich mühsam der Verwilderung abgerungen habe, zertrampelt.

– Geh doch hinüber in deinen Garten! bitte ich, versuche mit Milde, das Kind zum Gartenanteil seiner Eltern, die eine andere Wohnung im selben Haus bewohnen, zu treiben. Aber immer wieder kommt die Kleine herüber und entwendet mir die Töpfe mit den Pflanzen. Zu meiner Verwunderung hatte ich im verunkrauteten Mistbeet noch Stellen mit schönen pikierten Pflänzchen ausmachen können, ohne allerdings zu wissen, wie sie hießen, keine Ahnung, was daraus einmal werden würde, das konnten ebensogut niedrige Einjährige wie auch hohe, seltene Stauden werden. Und nun hat sich das Kind mit anderen Kindern verbündet, die laufen lachend, mich verhöhnend, kreuz und quer über die Beete, eins zwei drei vier fünf sechs sieben, eine alte Frau kocht Rüben, eine alte Frau kocht Speck, und du bist weg! Ein Halbwüchsiger kommt, einen Stecken schwingend, bedrohlich auf mich zu.

– Weißt du noch, wer du bist?

– Wie ein Irrenhaus, sagt Franz. Während Berta ihre Schwester besucht, ist er hier eingezogen. Deprimiert, obwohl es ihr gesundheitlich recht gut geht, sie zu allen Haushaltarbeiten imstande ist, imstande wäre, auch auszugehen und das Nötige einzukaufen, legt Valerie sich, kaum ist sie aufgestanden, wieder ins Bett. Franz steht fluchend auf. Geht fluchend herum.

– Mich verfluchend, vielleicht auch unser Kind.
– Aber nein, so geht es nicht, nichts, noch nicht einmal eine Skizze ist mir gelungen! Denn wie kann ich mich in diesem Maß nach einem andern Menschen richten, ohne mich selber, ohne das, was mich beschäftigt, zu zerstören? sagt Franz.
Ich sollte mich verlieren, denkt Valerie, und das, was mich beschäftigt, was ich immer wieder unterbrechen muß und, weit schlimmer, bei dem ich von Anfang an weiß, daß eine Unterbrechung jederzeit möglich, ja höchstwahrscheinlich ist, aufgeben?

Franz geht spät ins Bett. Der Baulärm. Das Kind ist nervös und unglücklich. Valerie ist sich selbst Feind genug. Die Zugehfrau scheppert mit dem Geschirr.
– Franz!
Die herumjagenden jungen Katzen. Das weinende Baby. Die Frau stößt den Staubsauger krachend an die Wände und Möbel. Kein Ort, um sich zurückzuziehen. Die Arbeit noch nicht einmal angefangen. Aus dem Fenster springen. Keine Post, keine der längst fälligen Rechnungen erledigt. Sie kann durch zwei geschlossene Türen hindurch hören, wie die Kleine schreit. Und schreit:
– Franz!
(Katzen fortgeben. Babysitter finden. Nein, nicht Berta.)
Morgen dasselbe. Und Blumen gießen. Übermorgen dasselbe. Und Briefe beantworten. Und ich werde heut nicht aufstehen und auch morgen und überübermorgen nicht.

3

UND DABEI SIEHST DU GLÄNZEND AUS! Das wußte sie, ihre Verehrer hatten dafür gesorgt, daß sie nicht erst nach Jahren anhand der Fotografien in einem Familienalbum entdecken würde, daß sie schön gewesen war. Denn so viele Jahre hatte sie nicht mehr. (Das weiß ich, aber woher sollte sie das wissen? Ahnt oder kennt jeder sein Pensum?) Sie mußte schon heute, von dem, was sie hatte, leben.

– Hast du nicht auch Tanzen gelernt und Schauspielunterricht genommen? Warum fängst du damit nichts an?

THEATER. Beim Eincremen vor dem Spiegel kommt ihr in den Sinn, wie sie einmal:

Ja, nach der Vorstellung war Valerie ein Blumenbouquet überreicht worden: die vier blutroten Trichter einer Amaryllis auf ihrem fleischigen Stengel, Lorbeer (natürlich), Eukalyptus und etwas fiedrig kleinblütig Rotes, der Reiz der Wiederholung von Nuancen derselben Farbe, ein eigenartig schöner Strauß. Valerie freute sich über die Anerkennung, nur waren die Blumen ja bereits vor ihrem Auftritt besorgt worden. Freude, weil die Spannung, mit diesem Strauß in der Hand, jetzt vorbei war. Doch schon vorher, bei ihrem Auftritt, war es ihr gutgegangen, sie war konzentriert und fühlte sich dabei ganz frei, es war, als würde das Publikum mitspielen, und mit der wachsenden Teilnahme im Saal fühlte sie sich zunehmend besser.

– Oder hättest du etwa, wärst du von den Zuschauern abgelehnt worden, dich selber überbieten können?

Und wieder beim Eincremen vor dem Spiegel:
Nein, sie schmierte sich zu braun gefärbte Creme ins Gesicht, einen groß geratenen Tupfer neben das rechte Auge, den sie dann energisch, für die Haut viel zu energisch, über den oberen Teil des Gesichts zu verteilen versuchte. Vor einem schlecht beleuchteten und auch zu hoch befestigten Spiegel, im Stehen, auf Zehenspitzen, in einer düsteren Theatergarderobe. Eine ihr unbekannte Schauspielerin, die sehr schauspielerinnenhaft agil wirkte, machte sich über Valerie und ihre Bemühungen lustig:
– Sie werden dem Publikum doch nicht so einen Auftritt zumuten, was ist denn das eigentlich, sind Sie sicher, daß Sie, schwanger im fünften Monat, tanzen können? Wer schaut oder hört sich denn überhaupt sowas an? In sehr bestimmter, ganz und gar ablehnender und keinen Widerspruch auch nur als möglich erscheinen lassender Weise.
Und Valerie muß ihr natürlich wieder mal recht geben. Ist nun aber eben engagiert und hat so was Sinnlosem zugesagt. Während die Schauspielerin mit ihr oder eher neben ihr herredet und sie beunruhigt, zieht Valerie verwirrt die Stiefel falsch an, über die Hose oder zum falschen Rock oder das Kleid über eine Hose oder umgekehrt, jedenfalls so, daß sie nicht nur lächerlich aussieht, sondern auch noch Zeit verliert, und es ist ohnehin schon fast zu spät.
Vorher hatte sie, die Kleider für die Vorstellung auf dem Arm, draußen im Stiegenhaus herumgestanden, der Theaterdirektor hatte sich lange mit ihr unterhalten, obwohl er doch hätte sehen müssen, wie unfertig und unvorbereitet Valerie war. Er hat sie dann umständlich und mit vagen Komplimenten ans Ende eines Ganges und um die Ecke in die Garderobe gewiesen, Valerie mußte aber, weil sie diesen Raum in der Eile nicht fand, zurück, mußte nochmals nachfragen.

Nach der Vorstellung saßen einige Leute, darunter auch ihre Kritikerin, im Foyer, als würden sie Valerie erwarten. Und als sie sich in einen der weichen Fauteuils zu ihnen an den niedrigen Tisch setzte, wandte sich eine Frau ihr zu und begann ein Lied zu singen, leise, in einer fremden Sprache. Die anderen summten oder sangen bruchstückweise mit und unterhielten sich zwischendurch auch in derselben Sprache, die nun beim Reden immer unverständlicher wurde, am Ende Chinesisch war.

– Man gibt seiner Liebe Gestalt, sagt Franz. Die Empfindung ist für den Maler
– ich weiß schon, sagt Valerie, die Empfindung ist für die Schauspielerin, wie für die Tänzerin, jenes Moment, das ihr Schaffen bestimmt. Meine Liebe zu diesem Kind, die Empfindungen, Zärtlichkeiten bei den täglichen, den stündlichen Tätigkeiten, beim Stillen und Füttern und Baden und Wickeln und
– und dann gibt man seiner Liebe Gestalt. Die Empfindung ist für den Maler jenes Moment, das sein Schaffen bestimmt, sagt Franz.
Valerie schiebt das Kind im Stubenwagen in das von der Sonne beschienene Viereck vor dem Fenster.

Kennt sie die Bilder all seiner Lieben? Kennt sie auch Bertas Porträts?
– Diese liebevollen Darstellungen einer überlegenen, sehr intelligenten Person.
– Das ist schon lange her, mehr als zehn Jahre.
– Deine Bewunderung dieser kühlen Schönheit wird ganz deutlich in den vielen Bildern, zu denen dir Berta Modell gestanden hat, ist von jedermann nachzuprüfen, nachzuempfinden,

– auch wenn meine Gefühle sich längst verändert haben – bleibt deine Empfindung, bleibt das wesentliche deiner Beziehung im Bild, ewig oder solange es das Bild, diese Bilder gibt, über deine Liebe hinaus, über deinen Tod hinaus wird auf einen Blick deine alte Liebe zu sehen und nachzufühlen sein.
– Während es von deinen Liebschaften, von deiner Ehe keine Zeugnisse gibt. So als wäre nie etwas anderes, als was jetzt ist, gewesen.

Über dem Hochhaus, das den Großteil des Fensters füllt, ziehen Wolken dahin. Eine Sonnenblume neben Valeries Bett auf dem weißemaillierten Nachtkästchen, und auch auf dem Krankentisch drei rote Rosen in der Orangensaftflasche, noch aufrecht, drei weiße lassen die Köpfe über das Stetoskop hängen, daneben ein Blatt Papier voller Daten. So als wäre nie etwas anderes, als was jetzt ist, gewesen.
Nie etwas anderes, nein.
Mein Vater, der mit der PISTOLE drohte, jeden, der ihm sein durchschossenes Bein amputieren wollte, sofort, oder, falls das unmöglich, dann eben später zu erschießen.
– Wie ist er im Lazarett zu dieser Pistole gekommen?
– Er hatte sie sich von einem Soldaten bringen lassen und im Bett versteckt.
Mein drohender Vater.
– Man kann sich sein Erbteil nicht aussuchen.
– Nein, ich konnte es mir nicht aussuchen. Und ob ich damit umgehn kann, daran hab ich oft gezweifelt.
Valeries schlechte Eigenschaften.
– Denen du jetzt so viel verdankst.
Eine Beharrlichkeit, die den anderen, ihren Freunden und jetzt den Ärzten, auf die Nerven geht, hat ihr die Brust ge-

rettet. Die Ungeduld, die sie schaffen macht, so wie sie eben schafft, mühsam etwas der Verwilderung abringen, ein Gefühl, einen Zustand möglichst sofort zum Ausdruck bringen:
– Sonst geht er vorbei, wird vage, oder wird verträumt, tagträumend idealisiert oder stilisiert.
Wäre sie aber so wie sie sein sollte, wie sie sich auch von jeher und bis vor kurzem zu sein bemüht hat,
– wie du mich lieber hättest,
gäbe es jetzt nichts von ihr, und sie läge da mit nur einer Brust.
– Wie es von meinen Liebschaften, von meiner Ehe, von der ersten Zeit mit unserem Kind keine Zeugnisse gibt. So als wäre nie etwas anderes, als was jetzt ist, gewesen.
– Hab ich dich nicht, glücklich mit dem Neugeborenen, gezeichnet?

Die Geschichten, einmal unfreiwillig gehört, bleiben ein Leben lang lebendig:
Stadttore, mit blutenden oder schon verkrusteten und mumifizierten Köpfen besteckt.
Gespräche in der Küche über Scheintote, das schien ein Lieblingsthema zu sein. Unbemerkt von den Erwachsenen hatte sie zugehört, und seither die Angst, scheintot zu sein.
Wenn sie daliegt und die Blumensträuße um sich herum anschaut. So rot wie Blut, so weiß wie Schnee. In Gesprächen, in denen, mit ihr oder eher neben ihr hergeredet, sie beunruhigend, das Wesentliche nicht nur verschwiegen wird, unhörbar wäre es doch anwesend, sondern vergessen wird und vernichtet.

– Weg mit dem Kopf!
Sie fürchtet sich jetzt vor Besuchen, sogar vor Anrufen: Die wissen gar nicht, wovon sie reden, wenn sie immerfort – schweigen, nichts von den verschiedenen Prozeduren hier und von meinen Ängsten nichts sagen.

Mao liegt, mit einer alten roten Fahne zugedeckt, sein Gesicht weiß von der Beleuchtung, in einem gläsernen Sarg.

Im gläsernen Sarg das Schneewittchen.

Begraben, was vor ihrer Scheidung liegt.
– In einen Bleisarg gestopft und versenkt.
– Das ist nicht möglich, daß du zehn Jahre so mir nichts dir nichts vergessen kannst!
– Zwanzig Jahre lang hab ich, was mich beschäftigte, nicht notiert. Was wäre das für ein Mensch, der alles darstellen will, der lebt, um dieses Leben zu notieren.
– Geht denn nicht alles, was dir nicht aufzuzeichnen gelingt, für immer verloren?

Mein Frau ist mein Zier und Lust
Mein Mann ist mein Zier und Lust
Sie ist
Er ist oft auch mein Pein und Hell
Sie ist mein Fegteufel woren
Er ist mein Teufel woren
Sie ist mein
nein, er ist mein Herzens Aufenthalt
und machet mich doch grau und alt.

Valerie war NACH DER SCHEIDUNG, nach ihrer Übersiedlung, als ihre Versuche beim Theater nicht nur erfolgreich waren, und dann, als es ihr auch nicht gelingen wollte, als Tänzerin anzukommen, ohne zu zögern, auf seine Frage, ihm Modell zu stehen, eingegangen.

Es dränge ihn, Franz, genauso wie seinerzeit Hodler, von der Schönheit der menschlichen Figur zu berichten, das Stöckchens Wirklichkeit, das ihn so lebhaft zu rühren vermochte.

Sie hatte ihn, siehe da, zu rühren vermocht! Sie war ein Stückchen seiner Wirklichkeit.

Valerie lernte ihren Maler kennen. Und nicht nur das, SIE LERNTE IHN AUSWENDIG wie ein Buch, bald konnte sie ihn, welche Seite auch immer, zitieren. So wie sie wußte, was er von ihr wollte, so wie sie, wie von selbst, in den richtigen, das heißt in den von Franz gewünschten Posen, einrastete.

– Nicht immer ganz leicht, so schnell macht mir das keine nach.

Wie ich das, was ich jetzt eigentlich tun wollte, was ich meine, tun zu müssen, vor mir herschiebe, ein Stichwort, MODELLSTEHEN, im Geist notiere, das soll vorerst genügen, daran will ich denken und an alles, was dazugehört, alles drumrum später an diesem Wort ans Licht ziehen, nicht jetzt, später, sag ich mir, jetzt hier in seinem Atelier sitzenbleiben und schauen, was er tut, wie er Pinselstrich an Pinselstrich setzt, mir die eigenen Bilder, die hier nicht hingehören, verscheuchen und mich auf seine Arbeit konzentrieren.

– Was ist? Was hast du? fragt er, merkt, daß ihre Gedanken abschweifen, obwohl sie jetzt hinter ihm sitzt und er mit

dem Hinterkopf doch nicht sehen kann, nimmt er wahr, weiß der Teufel wie,
– so gehts doch nicht,
vorwurfsvoll, und überstreicht eine Stelle.
So als malte ich mit. Und das freut mich natürlich,
– warum natürlich?
das macht mich stolz. Zwar ermüdend, sich ständig auf die Leinwand zu konzentrieren, auch aufregend manchmal, oft ist es quälend. Als gehe etwas von mir in das Bild ein, ein Bild, das nicht von mir ist, zu dem ich jetzt auch nicht Modell sitze, ein Stilleben, das nichts mit mir zu tun zu haben scheint, dessen Gelingen aber, so sagt Franz, von meinem Dasein, an diesem Tag, abhängt.

BERTA SITZT AM FENSTER. Sie scheint Stunden so zu verbringen, auf den Verkehr unten, auf die Flanierer auf dem Gehsteig und die Vorüberhastenden zu schauen, selbst unbeweglich im Schatten und halb vom Vorhang verdeckt. Valerie kennt die Straße, die Hausnummer, sie kann die Frau ihres Geliebten von unten aus knapp erkennen, sie winkt ihr grüßend zu, Berta reagiert nicht.
– Warum sollte ich, was geht sie mich an. Was gehn mich seine verschiedenen Modelle an.
Aber Franz hat Valerie zu einem der Jours fixes seiner Frau eingeladen. Meist junge elegante Leute zwischen dem Mobiliar.
– Hausmann & Hausmann?
– Nein, Wiener Werkstätten.
– Aber Kopien?
– Ja, was glauben Sie denn.
Bertas Freunde, die Valerie von ihren Auftritten her kennen und auch von ersten Porträts:

– Unverkennbar, tatsächlich eine Schönheit!
Sie kennt hier keinen, und die Art dieser Menschen ist ihr fremd. Sie möchte Berta ansprechen, eine lebhafte, gutaussehende, sehr vernünftig wirkende Frau, die, älter als ihr Abbild, ihr keine Angst mehr einflößt. Liebevoll besorgt will sie vor einem eigenen Fehler warnen, vor ihrer bösen Erfahrung:
– Sie richten sich hier behaglich ein, und immer schöner, immer wertvoller, je schlechter es geht, je wertloser Sie sich fühlen. Am Ende kommen Sie dann von Ihrem schönen Interieur, in das Sie zuviel Liebe, die anderswo nicht unterzubringen war, hineingesteckt haben, nicht mehr weg. Wenn es besser oder unumgänglich wäre, fortzugehn.
– Es geht, wenn man »brav« ist, alles so viel leichter!
– Wenn man sich aber schämt, brav zu sein?
Berta wendet sich ab. Oder nein, sie wendet sich brüsk Valerie zu:
– Wisch vor deiner eigenen Tür!

4

Ein eigenartiges Leuchten auf den Gleisen, zwischen den schattigen, unter den Dächern dunkeln Bahnsteigen: neun Uhr, zu einer Zeit und in einer Jahreszeit, wenn es meist frostig wirkt, ist ein magisches Licht über den Schotter, die Bretter des verbotenen Übergangs und über die Schwellen geschüttet, eine warme, nicht genau benennbare, irisierend strahlende Farbe aus Rot, Orange und Braun, von den Schienen scharf glänzend durchschnitten. Unter einem wolkenlosen, fast weißen Himmel. Die Leute stehen und warten auf den Schnellzug, reden miteinander. Oder sie schauen sich gegenseitig mit versteckter Neugier auf Aussehen, Bekleidung, Gepäck hin an. Valerie bemerkt niemanden, der dieses sie verzaubernde Licht beachten würde.
Jetzt fährt der Schnellzug ein, überfährt die Farbe, schlagartig ist alles dahin.
Schräg gegenüber im Abteil sitzt eine junge Frau, ja, etwa dreißig, in einem biederen Kleid und Pumps mit halbhohen Absätzen, ungeschminkt, Brille, nicht gerade vorteilhaft, das dünne Haar frisch gelegt, und liest, nein, nun wendet sie den Blick Valerie zu, einen müden Blick über einer rundlichen Nase, resigniert verschlossenen Lippen. Jetzt liest sie wieder: DER WEG ZUM NEUEN LEBEN.
Der Bahnlinie entlang weiden Schafe auf der Böschung, Kühe auf den Wiesen, in den Vorgärten blühen üppig Astern, Dahlien, Rosen, und was weiß ich, was sonst noch.
– Schon wieder so ein schöner Tag!
– Ja, einer schöner als der andere.
Zwei Zugnachbarn reden laut. Reden zu laut in Valeries Ge-

danken, stören ihren hilflosen Protest gegen das qualvolle Sterben eines Freundes.
Nebenan sitzt eine verrückte Alte, hält ihre Hand vor das kichernde Gesicht und flüstert, für alle im Abteil gut hörbar:
– Ich hab vergessen, mir die Zähne zu putzen, wiederholt kindisch: vergessen, die Zähne zu bürsten, heut morgen! Macht hektische Bürstbewegungen von unten nach oben vor ihrem klein zusammengezogenen Mund, zwinkert schelmisch. Mitte sechzig, etwa so alt wie er, der Freund, war.
– Verflucht, zum Verzweifeln, nein, das darf, kann nicht so sein.
Immer wieder lautlos vor sich hin gesagt, dann laut, dann bald einmal geschrien, heute früh schon vor der Mitteilung seines Todes, vor dem Telefonanruf:
Gemeinheit.
– Eine bodenlose, nicht verständliche Gemeinheit, daß so etwas mit einem lebendigen Menschen geschieht.
Franz war nach der letzten Operation zu ihm gefahren, er sah die Apparate, an die der zerfressene und zerschnittene Körper angeschlossen war, fand den Freund verzweifelt über die zermürbenden Schmerzen.
– Nachhause, laßt mich hier raus, zuhaus hab ich alles. Alles, was ich zum Schluß brauche.
– Ein Feigling bin ich, kein Freund, ich hätte ihn töten müssen, hätte ich nur gewußt wie, klagt Franz sich nach dem Spitalbesuch an. Sich in den Kranken versetzen, sich entsetzen: und am Ende ist es doch unmöglich. Ich steh daneben, gesund oder scheine gesund, und schau zu, muß zuschauen, aber zwischen ihm und mir ist eine Schlucht. Nur wenn es dem Kranken beim Sprechen hie und da gelingt, die

Schmerzen zu vergessen, und wenn nicht zu vergessen, so doch wenigstens von Schmerzen unabhängige Gedanken zu äußern, wenn es mir gelingt, ihn zeitweilig von seiner Qual abzulenken, ist die Trennung für den Moment aufgehoben oder scheint nicht mehr derart endgültig.
Von da an weiß Valerie, die noch gesund ist oder sich gesund fühlt: genau das kann auch mir bevorstehen. Alle Beschwichtigungen, daß es nicht so sein muß, wahrscheinlich nicht genauso eintreffen wird, daß es unzählige andere und bessere Todesarten gibt, helfen nicht mehr gegen das Entsetzen vor dieser grausamen Möglichkeit.

Auf dem Flughafen stehen, wie Kühe im Stall, wie Kühe auf der Wiese, der Stolz des Bauern, die Flugzeuge mit dem weißen Kreuz auf den roten Schwanzflossen.
– Hoheitszeichen.
– Heißt das wirklich so?
– Und wir, die Passagiere im Airbus, die zwischen den Gebäuden, durch Unterführungen und um Ecken herum geschleust werden: wie im Schlachthof.

FÜNF VOR EINS, die zweimotorige Maschine steht, nimmt Anlauf, Valerie sitzt an der Luke schräg hinter dem Propeller, sieht durch seinen Drehkreis wie durch eine Scheibe, jetzt gehts im Karacho, das Flugzeug hebt ab, die grüne Junilandschaft taucht in der Diagonalen weg, neigt sich dann wieder steil ihr entgegen. Felder, zwei Tümpel, Ortschaften, Waldstücke. Über dem dreckigen Dunst am Horizont eine schmale leuchtende Linie. Das schönste Wetter, auf der Fahrt zum Flugplatz war der Bahnlinie entlang wieder mal alles in Blüte, Rosen in den Gärten, Kühe auf der Weide, ein Pferch mit lauter schwarzen Schafen, das ist keine Zeit zum Sterben, du darfst jetzt nicht tot sein. Rechts die Alpen, ganz präzis modelliert, sie erkennt das Tal, diese Hänge mit dem Aufwind, in dem du so oft mit dem Segler geflogen bist. Drüben, auf jeder Bordseite ist nur ein Sitz, schläft ihr Nachbar, die Zeitung rutscht ihm von den Knien. Der Mittelgang ist zu niedrig, um aufrecht zu gehen. Die beiden Lappen Wasser unten sind Ausläufer des Bodensees, eine Insel, nein, das ist noch nicht die Mainau, erst kommt Konstanz, jetzt die Mainau, was sie wiedererkennt, wirkt, von oben gesehen, ganz anders als in der ebenerdigen Erinnerung.

Und ein paar Stunden später ist alles vorbei, Familie und Freunde sind vom Totenschmaus aufgebrochen.
– Per l'orma, für die Seele.
Valerie ist durch die Stadt geirrt und in einem Hotelcafé gelandet. Angst vor dem Alleinsein. Der Freund war ihr, oben, während des Fluges, ganz nah gewesen, um dann während der Abdankungsrede sich zu verflüchtigen. Sie versuchte, nichts zu hören, nichts zu sehen. Die Hinterbliebenen standen verlegen, verweint, manche leise redend, auf den gelöcherten Eisenplatten über dem frisch aufgeworfenen Boden um das Grab.
– Diese uniformierten Friedhofsangestellten.
– Und das lächerliche Elektromobil.
– Wir hätten ihn doch lieber von der Kapelle hierhergetragen.
Zwischen den Gräbern stand ein Bagger, der nur wenig zur Seite, an eine Hecke gefahren worden war.
– Als stünden wir auf einer Baustelle.

– Ja, auf diesen Abdeckplatten zwischen Bagger und Grube, eine neue, zu den vielen Baustellen, noch eine dazu.

Sie suchte jemanden, irrte durch die paar von früheren Besuchen her bekannten Straßen, suchte irgendeinen, dem sie vertrauen konnte, fürchtete sich aber gleichzeitig, reden zu müssen, es war zu viel, was da über sie kam, sie fürchtete, würde sie reden, ihn nochmals und endgültig zu verlieren.

Fürchte auch, daß ich dich, gerade dich, von jetzt an nur noch als einen Kranken erinnern muß, ich mag an deinen Zustand nicht denken, an das, was geschehen ist und von dem doch niemand weiß, wie es wirklich war.

Denn wahrscheinlich war niemand, auch keine Schwester dabei, hat dir keiner am Ende beistehen können. Daß wir uns so leicht verjagen lassen, wenn es unumgänglich wäre, zu bleiben. Ende der Besuchszeit, eine Pflegerin treibt uns liebenswürdig energisch aus der Tür, guten Abend, gut Nacht, von Englein bewacht, adieu bis morgen, morgen früh, wenn Gott will, wirst du wieder geweckt.

Das fremde Zimmer, die fremden Menschen, losgelassen die vier Engel, die bereit sind auf die Stunde und auf den Tag und auf den Monat und auf das Jahr, daß sie töten, du kannst läuten, läuten, läuten, rufen, schreien, wenn du schreien kannst, es kommt niemand.

Im Café sind alle Tische belegt, kaum ein Platz zu finden, sie hält Ausschau nach einem bekannten Gesicht, jemand sollte jetzt mit ihr Kaffee trinken.

Allein in einem fremden Zimmer, in einer fast fremden Stadt. Irgendwo gehen in den Straßen entfernt Bekannte. Wo? Wenn dir jetzt der Atem ausgeht, das Herz davonläuft, bockt, so merkt das keiner.

– Was denn.
– Wahrscheinlich ist er erstickt, sagt seine Tochter, das sehe nicht schön aus, und drum wollen sie einen mit dem Anblick verschonen. Nein, es hatte keinen Sinn mehr, wir gingen nach dem Anruf vormittags, nach der Mitteilung, er sei nachts entschlafen, nicht mehr ins Spital. Man sagte: entschlafen.
– Er ist eingeschlafen, sagt seine Frau.
Er sah jetzt wahrscheinlich so aus, daß man seinen nächsten Angehörigen nicht zumuten zu können meinte, zu sehen, daß er nicht eingeschlafen war.
– Wo sind sie denn alle. Nehmt mich da raus! Warum hilft mir denn niemand hier raus, du stößt mich ja, statt mir zu helfen, du stößt mich zurück, wenn ich schon halbwegs draußen, mit größter Mühe halb aus dem Bett bin. Auf dem Weg nachhause bin. Wo sind sie denn jetzt alle, weiß keiner, was ich brauche, die wollen nicht, was ich will. Und die mir helfen könnten, wo sind sie?
Draußen gehen die Leute von hier nach dort, das kann man sich vom Bett aus gut vorstellen, warum man weggeht, warum einer heimkommt, und einige von denen, die dort in den Straßen und in den Warenhäusern herumlaufen, in den Cafés sitzen, kenne ich flüchtig, ein zwei Personen kenne ich gut, wo bleiben sie denn.
Valerie möchte jemandem von dem toten Freund erzählen, wer er war, sich und einer oder einem anderen beschreiben, als könnte ihn eine Beschreibung wiederbeleben.
Oder zumindest von diesem Flug möchte sie erzählen können, wie, von oben gesehen, die Landschaft viel weitläufiger und, den bekannten Widerlichkeiten zum Trotz, sogar hoffnungsvoll aussah. Als bekäme bei diesem Blick von oben, dem Überblick, das, was einen gerade noch zu er-

drücken gedroht hatte, dadurch, daß es unter einem lag, andere Masse, ein leichteres Gewicht. Hie und da möchte sie, auch mit den Füßen am Boden, übersehen können, was sonst unübersehbar ist. Fünfhundert Kilometer in der Stunde macht diese Maschine, sechstausend Meter über dem Meer. Vor dem Einsteigen, die heruntergeklappte Treppe darf nur jeweils von einer Person betreten werden, sah Valerie einen Passagier nach dem anderen zögern, so als wäre ein Jumbojet nicht unheimlicher als dieser Metroliner. Der Radarschirm im Cockpit, von ihrem Platz aus gut zu beobachten, zeigte eine Landkarte in ständiger Bewegung, die Höhen rot, die Tiefen gelb und grün.

Die Voralpen, fast baumlose ockerfarbene Bergzüge, Almen, Kühe und Kälber, Schafherden, überall gleich, ob in Kärnten oder im Säntisgebiet, wie ihr heute scheint, gleich. Valerie erinnert sich an Ferienwanderungen, an die vielen Touren als Kind: die gleichen Höhenwege, Alphütten,

– wenn du weitersteigst, wenn du jetzt nicht schlappmachst, hör auf zu jammern, es geht doch, nimm dich zusammen, zur Belohnung bekommst du dann kuhwarme Milch und die Aussicht auf den Gegenhang, Krüppelkiefern, Latschen, und zuoberst dann siehst du neben und unter dir fast gleiche Grate und ähnliche Gipfel.

Sie wird das ihrem Kind nicht antun.

– Nein, du wirst es lieber verweichlichen, sagt Franz, Selbstüberwindung wird es von dir nicht lernen.

Manchmal ist sie ganz glücklich, im Bett bleiben zu dürfen. Auf dem ruhigen Wasser des Li-Jiang liegen, wie geschlossene Fächer, lange Floße, eins neben dem anderen, kaum breiter als die Fischer, die darauf sitzen, mit ihren großen Strohhüten, hinter sich je einen dichtgeflochtenen kugelförmigen Korb, in dem die Angel steckt. Eigenartige Berge ragen wie Türme den Fluß entlang aus der Ebene. Sie ist ganz zufrieden im Bett. Mit den täglichen Zeitungen, einem Buch, dem Fernsehen, Radio, vielleicht kommt sogar ein Besuch.

WAS SOLL DENN AN BERGEN SO GROSSARTIG SEIN? Warum findet man die Alpen schön? Als wäre es nicht gleichgültig, ob du den Alvier besteigst oder irgendeinen Gipfel in der Steiermark. Und auf chinesischen Bergen wird es ähnlich sein: Wellenfels, Altermannberg, Versteckter Hügel, einsame Spitze.
– Wie kannst du das miteinander vergleichen, sagt Franz: den Halbmondhügel, Elefantenrüsselberg, den Durchlöcherten Berg, den Pagodenhügel, den Buddhahügel mit dem Säntis?
– Aus der Vogelperspektive sehn sie fast gleich aus, die westlichen Voralpen, die östlichen Voralpen, eine karge Vegetation, die ähnliche Topographie, gleiche Lichtverhältnisse und Wolkenbildungen. Wozu die Anstrengung, so einen Hang hinaufzusteigen, Margeriten und Glockenblumen undsoweiter undsofort, man weiß ja, was es in einer Gebirgslandschaft alles gibt, die Sonne brennt, brennt auf den Schädel, hangwärts schmerzt dich die Hüfte und auf der anderen Seite der Fuß, der Schnauf geht dir aus. Über Felswände klettern, einen Gipfel »bezwingen«, wer tut sowas freiwillig und mehr als einmal? Warum findest du die Alpen schön? Findest du sie grandios, weil du Größe, Großartigkeit bewunderst? Findest du dich selber großartig, weil du dich schwach gefühlt und dich mit großem Kraftaufwand überwunden hast, jetzt oben stehst? Alles liegt hinter und unter dir, und du meinst dich groß, fühlst dich, mit der Aus-

sicht auf unzählige andere Gipfel rundum, im Mittelpunkt? Ich kann, auch zuoberst, nicht vergessen, wie schwach ich gerade noch war. Steilhänge sind nun mal nicht mein Element, unten fühl ich mich besser, meinetwegen mit einem Berghang im Rücken, aber vor mir die Weite.
Kein Bergler und doch, oder gerade deswegen, findest du die Alpen schön?
– Als würde ich angezogen, tatsächlich packt mich eine Sehnsucht, sobald ich die Berge sehe, wenn sie bei Föhn ganz nah rücken, muß ich hin, und kaum setz ich einen Fuß vor den andern, einen Schritt über den andern, kann mich nichts mehr halten. Ja, die Sonne brennt wirklich, Atmen wird in der Höhe immer schwieriger, die Schuhe drücken, und was noch alles an Widerwärtigkeiten dazukommt, kann mich nicht zurückhalten weiterzusteigen, noch diesen einen Hang und dann den nächsten, du siehst dort den Horizont, ich meine, ich wär fast oben, und weiß dabei, daß das noch lange nicht der Gipfel ist, und wenn ich glaube, am Ende meiner Kräfte zu sein, geht es trotzdem noch weiter, bald sogar wieder leichter, nichts bringt mich dazu, umzukehren, bevor ich zuoberst angelangt bin. Wie es unten war? Nein, das hab ich nicht vergessen. Warum ich den ersten Schritt mache? Woher die Sehnsucht kommt? Das interessiert mich nicht.

DER SCHRECKLICH LANGE WEG zur Operation. Auf dem Bett liegend, wird Valerie durch die Spitalgänge geschoben, in den Lift und, Stockwerke tiefer, durch weitere Gänge.
Sie mag die flaue Stimmung nach der Beruhigungsspritze nicht, wäre lieber nicht sediert.
– Als wärst du ein Gemüse, und alles greift dich an.

Grüne Heinzelmännchenatmosphäre der Narkoseequipe, deren Unterhaltungen und Lachen im Vorzimmer, während alles zur ersten Operation vorbereitet wird, Hantieren um Valerie, einen im Weg stehenden Gegenstand, herum.
– Gings gestern noch lange weiter?
– Schade, daß du nicht geblieben bist, wir sind dann zu Paul nachhause gegangen,
demonstratives Gähnen und Lachen, jeder Laut, jedes Wort kommt wie gestochen. Besonders einen verträgt Valerie nicht, einen jungen untersetzten, eitel wirkenden Naturburschentyp. Wie sie so hilflos daliegt,
– laßt mich da raus! läßt sich nur ganz leise, mühsam buchstabenweise sagen, eine Flucht nicht mehr möglich, plötzlich aufsteigender Haß auf Gesundheitssandalen, Weisenbärte, Alpgehabe.
Unterdessen wird sie ausgezogen,
– und Alice, war die auch dabei?
– ja, wir waren zu viert bis heut früh, ich hab kaum geschlafen,
– laß die doch lachen,
und mit angenehm warmen Tüchern zugedeckt, dann aber, weniger angenehm, angebunden, vor und während dem Einschläfern wird ihr linker Arm rechtwinklig an ein Brett gefesselt, und ihr letzter Gedanke ist Kreuzigung.
Im Traum geht alles lebhaft weiter, mit Nägeln besteckt, spürt sie Zwicken in der Brust, hört Sprechen, sagt sich, schon nicht mehr träumend, daß das längst keine Vorbereitung mehr ist, nicht mehr an der Sache vorbeigeht, sondern die Sache selber ist, spürt, wie ihr jemand vertraueneinflößend die Hand hält und liebevoll immer wieder drückt, erwacht, ist ganz da, schmerzhaft da, mit einem gräßlichen

Widerstand im Hals, weg mit dem, fort, der würgt, genug, weg mit dem, weg raus raus, ich ersticke
kein Wort, keine Silbe kommt raus, nichts kann sie sagen, rettungslos mit dem Rohr in ihrer Luftröhre.
– Atmen Sie tief, tief, tiefer, spucken Sie, machen Sie die Augen auf, machen Sie die Augen auf!
Wozu Valerie gar keine Lust hat.

5

GROSSE LUST, ALLES ABZUSAGEN.
– Geh bitte, sagt Valerie, fahr bitte, schieb es nicht auf, und sagt ihm nicht, daß sie allein sein möchte.
– Die Vorstellung, während du hier liegst, mich erst an einem Ort in einem Stiegenhaus zu installieren, dann am andern Ort in einem Saal, um erst da und dann dort wochenlang zu malen, während Neugierige vorbeischauen oder an den verschlossenen Türen rütteln. Und Hotelzimmer, tagein tagaus Wirtshausessen. Oder die allzu bekannten Einladungen.
Er sollte zwei Termine einhalten, und gleichzeitig möchte er an Valeries Porträt weitermalen,
– während es Frühling wird. Statt friedlich meinen Garten bepflanzen zu können.
– Tatsächlich, seit du diesen Garten hast, scheint es mit deiner Leidenschaft nicht mehr weit her zu sein.
Wie schnell er den Block weglegt und zum Fenster hinausschaut, sich wieder vor sein Modell setzt, schaut, weiterzuzeichnen versucht, nach kurzem aufsteht und hinaus zu seinen Pflanzen geht.
– So ausschließlich wie noch vor einem halben Jahr hast du schon lange nicht mehr gezeichnet, kommst du überhaupt noch meinetwegen?
Suddenly last summer: Plötzlich dieser Geschmack im Mund. Wann mal verschluckte Wörter, die aufstoßen. Nicht doch. Die Mischung Sommerblumensamen, schnell wachsend, nach den Eisheiligen ausgestreut auf die so mühsam und sorgfältig hergerichteten Beete. Kaum eine langlebige Pflanze, keinen Baum gesetzt letzten Sommer. Aus ei-

genem treibt eine der Bohnenstangen Blätter und Wurzeln. Noch stehen die Chancen neun zu eins. Rundum fiedrige Büsche, über und über voll roter Blüten, und diese drei englischen Wörter im Mund. Und wieder.

Da sitzen zwei Galeristen und reden Franz ins Gewissen.
– Ich bin doch kein Stiegenhauskünstler, hält er ihnen und sich selber entgegen.
– Es gibt für Sie jetzt nichts Wichtigeres als diese riesige Wand, hört Franz: Gelegenheit ... die sich selten ergibt ... bekannt berühmt ... unbedingt nutzen ...
Händler und Kritiker, nichts anderes als Läuse an den Hintern der Künstler, sagte Schwitters, denkt Franz: Die wissen genau, woran sie mit mir sind. So viel mir an den großen Formaten auch liegt, male ich doch nicht ausschließlich monumental:
– Seht euch die Arbeiten über euern Köpfen doch an und nebenan im Atelier, überall Porträts, ihr Kopf frontal und im Profil, Halbfiguren, Akte, gezeichnet und gemalt: Valeries Bilder.
MAN GIBT SEINER LIEBE GESTALT, schreibe Hodler, man zieht jene Figur einer anderen vor, sagt Franz: Man reproduziert die Reize der Landschaft, in der man glücklich war.
Die Empfindung ist für den Maler jenes Moment, das sein Schaffen bestimmt. Es drängte ihn, Hodler, sagt Franz, zu berichten von der Schönheit der Landschaft, der menschlichen Figur, des Stückchens Wirklichkeit, das ihn so lebhaft zu rühren vermochte.

Das Neugeborene im Arm, Valerie strahlend, sie hebt ihr Kind auf, hebt es über ihren Kopf, da ist es schon ein wenig älter und lacht laut, vergnügt,

– willst du nochmal fliegen?
Franz hat immer wieder versucht, das Stückchen Wirklichkeit, das ihn, das auch Valerie so lebhaft zu rühren vermochte, aufzuzeichnen.

Die Bauarbeiten, der Lärm, jahrzehntelang, ein Leben lang,
– um die Lebensbedingungen, wie man meint, zu verbessern, hat man uns beigebracht, mit diesem Lärm zu leben.
Baulärm im Spital wie auch beim Zahnarzt, denn das Nebenhaus wird abgerissen, zuhause wird uns eine Umfahrungsstraße vor die Nase gebaut, bei der Freundin, zu der man vor dem Baulärm flieht, vis-a-vis ein Neubau aufgerichtet, ach ja, die Brauerei muß auch aufgestockt und modernisiert werden: Krane, Preßlufthämmer und Preßluftbohrer, hinter ihrem Kopf frißt sich ein Meißel durch die Wand, frißt sich durch den Gips, kommt auf Valerie zu, auf ihren Kopf zu, rasiert ihr die Haare, die vordere Kopfhälfte hautnah ab, wie vor einer Operation.
– Warum mein Kopf?
Doch da gibts nichts zu ändern, sie streicht sich über die Stirne hinauf über die kurzen, kaum kratzenden Stoppeln, fühlt die vertiefte Mulde der Fontanelle, sie will sich auflehnen, entsetzt, das gerade jetzt, ich wollte doch, ich sollte doch fort, heut noch verreisen, werde in China mit einem Tuch um den Kopf rumlaufen müssen, warum kein Kopftuch, was wär schon dabei, obs dir steht oder nicht, ist gar keine Frage, die Frage jetzt, um zwei in der Früh, ist eine ganz andere, bösartige, denk doch nach, wo du bist! Gute Nacht! Morgen früh, wenn Gott will, wirst du wieder geweckt, wenn der Teufel was will

Mein Frau ist mein Zier und Lust.
Die Mimik kahlgeschorener Köpfe, rasierter Hinterköpfe. Im Theater sah ich einmal, staunend, nichts anderes mehr als die nackten Köpfe der Schauspieler, das Spiel der Nakkenmuskulatur: wie sich da Stränge verschoben, Hügel und Grübchen sich bildeten, die Ohren sich bewegten, plötzlich so ein Hinterkopf zu grinsen schien, unkoordiniert, wie unabhängig vom Text, Männer- und Frauenschädel hinten ein anderes Stück aufführten als vorn.

– Haben Sie Schmerzen? Brauchen Sie etwas? Wie könnt ich Ihnen denn helfen? man müßte schreien, den Baulärm überschreien, doch die alte Frau im Nebenbett winkt ab. Sie weint.
So hab ich gestern früh geweint. Zuhause beugt Berta sich über das Kinderbett, nimmt mein Kind auf, hebt es lachend hoch über ihren Kopf, wie gern die Kleine das hat,
– willst du fliegen?
Den ganzen Tag war Valerie zum Weinen, dann kam Franz auf Besuch, vorübergehend ging es ihr besser. Um wieviel unangenehmer so eine Operation mit allen Vor- und Nacherscheinungen (wahrscheinlich) ist als der kurze Schmerz beim Erhängen.

Gestern ist heute nur noch Erinnerung.
Die alte
– nicht Frau, bitte: Fräulein Liener!
zeigt Valerie einen kleinen Mannökel aus Filz, mit dem sie, im Bett liegend, manchmal lallend, wie ein Baby spielt.
Der Nachteil, daß Fräulein Liener so schwerhörig ist und auch schlecht sprechen kann: ihre schreienden Besucher. So steht Valerie auf, verstaut die Flasche, die am Schlauch aus

ihrer Wunde hängt, in der Bademanteltasche und verbringt eine Viertelstunde an der Sonne auf dem Balkon. Beobachtet die Landung eines Helikopters, nächstes Mal will sie das Ereignis knipsen. Sie müßte eigentlich auch eine ihr unsympathische Forsche im Fernsehzimmer fotografieren, so wie sie anderes, das sie für ihren Bericht braucht, aufnimmt: In einem langen Gang an die Wand gereiht frischüberzogene Betten. Ein junger Mann mit Brille, in weißem Mao-look, posiert für sie lächelnd, mit der Linken auf den Chromstahlwagen voll Flaschen, Dosen, Instrumenten und sterilverpacktem Verbandzeug gestützt, die rechte Hand steckt hüftwärts im Gürtel.

Ein Stilleben mit Blumenbouquets, davor zwei leere Infusionsflaschen, die Schläuche mit Stückchen abgebrochener Blutreste hängen über die Tischkante herab.

– Es wäre leicht, alles Abstoßende, nur das, aufzunehmen.

– Ich hab kaum etwas wirklich Abstoßendes bemerkt.

– Man könnte Fräulein Liener leicht lächerlich, sogar abstoßend darstellen

– die ich, wenn sie mich immer wieder mit ihrem freundlichen Lächeln freut, als lieb empfinde, ausgerechnet sie?

– wie sie mit dem grotesken Püppchen spielt, einen kindischen Ausdruck in ihrem sonst schönen alten Gesicht. Oder wie sie bei der Mühe, die sie mit dem Sprechen hat, spudert.

– Gehört das nicht zusammen?

Ein leise aufseufzender Ton, wieder und wieder. Das könnte, so wie es jetzt bohrend tönt, eine auf einen Menschen angesetzte Maschine sein, nebenan. Wird lauter, dazu kommt ein leichtes Beben im Raum: die Maschine bohrt am

Bau. Aufatmen, sobald es still ist. Stille zum Anfassen. Nur das ganz leise Rauschen der Ventilation.

Valerie schaut beim gemeinsamen Essen immer wieder zum Fenster hinaus, ertappt sich dabei, wie sie zum x-ten mal dieses Stadtpanorama ansieht und ihren Gedanken nachhängt, anstatt auf die so freundliche alte Frau ihr gegenüber, keine Armlänge weit, einzugehen. Bis Valerie merkt, daß die alte Frau weint. Vor ihr der volle Teller, das Fleisch hat sie in kleine Stücke geschnitten, aber nichts gegessen.
– Schmerzen?
– Ja. Sie zeigt auf die rechte Seite des Bauchs.
– Soll ich läuten?
– Nein. Ist nichts. Sie weint.
– Heimweh? (Wie komm ich auf Heimweh?) Heimweh nach dem Altersheim?
– Ja.
– Sind Sie so gerne dort?
– Ja, ich hab mein eigenes Zimmer, ist aber nicht ungefährlich.
Und nun kommt eben eine Studentin aus der Hochschule heim, also gar kein weiter Weg bis zur Länggass, da hat Valerie die Bescherung: denn es nützt nichts, daß das Mädchen rennt, es wird, schon im Haus, im Stiegenhaus umgebracht:
– Erwürgt! Und dann erwürgt er noch zwei drei andere, präzis gleich, der Vagant! Und im Emmental ist ein Mädchen erstochen, mißbraucht und erstochen worden, man hat es ins Spital gebracht, schwebend zwischen Leben und Tod.

Schwebend zwischen Leben und Tod.
Die Gefühle, die Valerie überfluten, so stark, daß sie sie im nachhinein kaum mehr nennen kann,
– o doch!
so daß sie am Ende von diesen Gefühlen erschöpft ist, mehr als von der Operation.

Am Abend im Fernsehen der Empfang eines Staatspräsidenten: Parade, ein Bundesrat thront, das angespannte Gesicht vor der geschnitzten Lehne, hebt beim Absinken der Stimme des redenden Österreichers die Hände und beginnt im Moment, in dem die Stimme stoppt, mit entspannterem Ausdruck eifrig, doch würdig zu klatschen. Ein perfektes Zeremoniell, detailliert, farbig, ganz nah vor Augen.

Farbig und detailliert bringt Fräulein Liener ihre Vergewaltigungs- und Mordgeschichten vor, trotzt sie einer starken Sprechbehinderung ab. Es kostet Überwindung, ihr zuzuhören, doch dann gelingt Valerie der Übergang zum Dessert, das zu einem Gespräch über Zucker führt, Zucker im allgemeinen. Auch Fräulein Lieners Zucker: da gab es Weihnachten ein riesiges Lebkuchenherz, eine Spende an die Insassen des Altersheims, von dem sie, wegen ihrer Zukkerkrankheit, nichts abbekam. Und nun serviere man ihr hier, wo man doch heilen, nicht schädigen sollte, was sie seit Jahren nicht essen darf.
Jahrelang auf etwas verzichten, um leben oder überleben zu können, und plötzlich wird dir gerade das bisher Verbotene verschrieben.
– Sie sollten essen, schmeckt Ihnen denn der feine Pudding nicht? die Schwester neigt sich über das Fräulein, das den Teller wegschiebt: es ist wichtig, daß Sie gut essen! Aber

nein, Sie haben keinen Zucker, das wurde doch längst untersucht!

Der Sizilianerin, die das Zimmer putzt, fehlt die Zeit, Deutsch zu lernen. Sie arbeitet bis Mittag, bis eins. Sie hat einen Garten gepachtet, macht das Gemüse ein, kocht alles selber für ihren Mann und das Kind, nimmt keine Büchsen wie die Schweizer. Nudeln kauft sie auch nicht.

Fräulein Liener bleibt gerne stehen, strahlt in den Fotoapparat, ihr hübsches runzliges Gesicht dokumentiert mindestens siebzig Jahre: wie ein schöner alter Baum, denkt Valerie. Und staunt, als sich das Fräulein, direkt neben ihr vor dem Lavoir sitzend, wäscht, über den weißen, glatten, alterslos wirkenden Körper. Ein Fräulein, das sich aufgespart hat. Nur, bitte keine Vergewaltigungsgeschichten mehr. Wie vernachlässigt ihr daneben der eigene Körper vorkommt. Wann ist Valerie zum letzten Mal Modell gestanden? Und trotzdem wehrt sie sich für jedes Stück davon und wird zornig, wenn im Zusammenhang mit Amputationen von Kosmetik gesprochen wird: das kann man sehr schön machen, man zeigt ein Werk nach den Maßen seiner Erfahrung, seines Herzens und seines Geistes, das ist kosmetisch sehr gut gelungen.
Ja, sagt Franz, man heiligt die Formen des menschlichen Körpers, schreibe Hodler, man zeigt eine vergrößerte, vereinfachte Natur, befreit von allen Details, die nichts besagen.
– Diese Herren würden verzweifelt um jeden Zentimeter ihres kostbaren Glieds kämpfen, und das Reden von Kosmetik wäre ihnen der ärgste Hohn.

Ein Knie geht einsam durch die Welt. Es ist ein Knie, sonst nichts.

Wie jedermann beteuerte, daß man sehr gut über einen Verlust, eine Amputation hinwegkomme. Ich nicht. Aber natürlich, und daß diese und jener, und du kennst den fröhlichen Einarmigen, ja, wie gut ginge es mir in China, und glückliche Brustfreie, und diese ihr Glück beteuernden Amerikaner und ohne Beine, ich wollte, ich wär in China, fahren etliche seit Jahren Ski.
Vielleicht ist das einsame Knie ganz glücklich.

Im Gang ein Gespräch mit der Sizilianerin: Sie hätte gern ein paar Hühner. Und sie träumt von Sizilien, das heißt einmal jährlich dreißig Stunden Autofahrt, für drei Wochen. Sie ist Anfang zwanzig, bildhübsch, ihre Liebe zu Gemüse und Geflügel ist erstaunlich.

Das Radieschen, das Valerie anschneidet: Sie will einen schwarzen Fleck entfernen, der ist nicht sehr groß, setzt sich aber, unter der Oberfläche verbreiternd, fort, so daß sie eine weitere Scheibe abschneidet, das Schwarze ist immer noch da, sie versucht, es mit der Messerspitze herauszugrübeln. Bei aller Sorgfalt ist am Ende nichts mehr vom Radieschen übrig.

Nachdem Valerie wochenlang tatenlos in der Wohnung herumgegangen ist, den Großteil der Tage im Bett sinnierend verbracht hat:
Etwas hat sie falsch geschrieben, oder unwahr, eine Bestätigung für jemand ihr Nahestehenden, ein falsches Zeugnis.

Und als dann die Situation kritisch wurde, hat sie diesen Zettel versteckt, ihn zwischen die Wäsche in die alte Kommode geschoben.

– Ich hab heute eine wunderschöne Kommode für dich gefunden, sagte Franz mit Besitzerstolz, eine Wickelkommode, bäurisch, aber in einer bei Bauernmöbeln seltenen geschweiften Form sehr schön getischlert. Rohes Zirbelholz, nur auf den Rahmenleisten Reste von Zinnober. Wahrscheinlich hat einer in französischen Diensten, und wieviele Bauernsöhne mußten als Söldner dienen, die herrschaftlichen, prächtigen französischen Kommoden bewundert. Wieder zurückgekehrt, scheint er versucht zu haben, so ein Möbel für sich zu kopieren, so gut er konnte. Fournieren konnte er kaum, das kannte man in den Bergtälern wahrscheinlich nicht. Woher hätte man die dünnen exotischen Holzblätter bekommen sollen.

Ja nun, das ist lange her, in diese Kommode, die Valerie früher als Wickelkommode benützt hat (aber zu Wickeln hab ich ja jetzt niemanden mehr), steckt sie den beschriebenen Zettel, schnell schnell schiebt sie den irgendwie zwischen die Wäsche, während die Polizei schon im Haus ist.

– Warum tust du sowas?

– Da hat ein hübscher Junge etwas, was ich bezeuge, nicht gemacht. Oder er hat etwas angestellt, was ich mit einem falschen Alibi vertuschen helfe.

– Wieso um Himmelswillen stehst du zu ihm, stehst du für sowas ein?

– Jetzt im nachhinein weiß ich noch nicht einmal, was das war.

– Alles in Ordnung. Der Polizist ist umgänglich, freundlich, er scheint vertrauensvoll.

– Möchten Sie Kaffee?

Die Situation ist gerettet, man kann aufatmen, könnte aufatmen, käme jetzt nicht dieses Weibsstück hereingestürmt, nein, Berta ist es nicht, Frau Zou nennt sich das Schlitzaug, das Valerie so rabiat angreift, vor dem Polizisten der schönste Krawall, und ihr Verwilderung und weiß der Teufel was alles an den Kopf schmeißt, das Dreckstück, so daß der Mann, der ja gar nicht anders als zuhören kann, etwas mitkriegt, die Tasse absetzt und mißtrauisch wird. Wahrscheinlich ist er auch von Anfang an mißtrauisch gewesen, findet seine Zweifel bestätigt,

– sind wir unanfechtbar? ist unser Verhalten, nein, unser Verhältnis, denn nicht tatsächlich verdächtig?

und fängt jetzt von neuem zu suchen an, bringt, was sie einmal mühsam geordnet, dem Chaos abgerungen hatte, durcheinander. Eine gründliche, erfolglose Hausdurchsuchung. Aber vor dem Weggehen kehrt er nochmal um, geht quer durch die Küche, stolpert im Gang über das Motorrad, das dort, frisch poliert, an der Wand lehnt, geht ins Schlafzimmer, öffnet die unterste Kommodenschublade, als hätte er sich an etwas erinnert. Etwas, was nicht dorthin gehört, was in einer Wäscheschublade nichts verloren hat, ein Kinderspielzeug? Was immer dort nicht in Ordnung sein und störend in die Augen fallen mag, hat ihn auf die Idee gebracht, etwas anderes, etwas Wichtigeres könnte genausogut nicht in Ordnung sein, er würde dort finden, was keinesfalls hingehört, genau das, was er sucht. So als wäre dieses auffallende Stück am falschen Ort ein Beweis, greift er zielsicher, und Valerie steht wortlos daneben, in die Wäsche, jetzt hält er ihr das Schriftstück vor:

– Mitwisserin!

Lebenslänglich bekommt man dafür.

AN EINEM DIESER WARMEN AUGUSTABENDE, es hatte Valerie aus der Wohnung getrieben, und planlos lief sie durch die Gassen, saßen die Leute auf den Wirtshausterrassen. Halblaute Gespräche, gedämpft vereinzelte Lacher. Und beim Vorbeigehen erkannte sie jemand, grüßte sie von einem der Tische im Halbdunkeln unter den Kastanien einer, ein hübscher Junge rief ihr zu, ob sie sich nicht zu ihnen, einer Gruppe junger Leute, die sie nur von fern, vom Sehen kannte, setzen wolle. Doch sie war unruhig, wollte weiter, nicht eintauchen in dieses laue Aquarium, in dem alle sich schattenhaft zu bewegen schienen.

Wie lange kann es so weitergehen, so gut gehen. Wie lange noch werden die Gedanken von überallher wie Töne auf mich zufliegen, als wären es Melodien, die, wenn auch anfangs ohne Zusammenhang, am Ende doch eine sinnvolle Ordnung zu haben scheinen.
– Wie lange werde ich noch so, wie mit erhobenem Kopf, mit offenen Augen, hellhörig, wach und aufs äußerste aufnahmefähig sein.

6

DU SOLLST DIR KEIN BILD MACHEN. Du kannst das Glück nicht malen.
– Was denn sonst? Wie sonst könnte ich das, was mir gerade unversehens geschieht, ein unerwartet gutes Gefühl, ja, nenn es Glück, wenn du willst, mitteilen?
Aus den Gebüschen duftet es, verlockt zum Flanieren auf der Seepromenade, die alten Rosensträucher, Rhododendren, die blühenden Akazien duften, sie stehen als Scherenschnitte vor dem Abendhimmel, das Geländer entlang spazieren Leute langsam auf und ab, schauen den Möwen zu, füttern Enten und Schwäne, ihre Sommerkleider leuchten in der Dämmerung. Jeder Atemzug ist kostbar, jeder Augenblick, als wäre er haltbar, als könnte man die Bewegungen als Choreographie, die Luft, den Wind, die Farben und das Parfum als Komposition erhalten, für sich, und nicht nur für sich, behalten.

Wenn Franz sich überhaupt Gedanken macht über Valeries Arbeit, so wäre das eine Überlegung wert: ihm Modell zu sitzen, völlig tatenlos dazusitzen, ihm jederzeit zur Verfügung,
– denn ich kann doch meine guten Stunden nicht nach deinen, du mußt deine Pläne schon nach meinen richten.
Ach was, sie ist glücklich, ihn zu sehen, wann immer und so oft wie möglich, sie ist glücklich, ihm etwas zuliebe tun zu können, was auch immer.
Verzicht auf ein Eigenleben? Etwas, was ich mir jetzt kaum mehr vorstellen kann, denke ich, nein, was ich mir nie habe vorstellen können, denkt Franz.

VALERIE SIEHT SEINE FARBEN und seine Farbakkorde, sie sieht seine Zeichnung, was immer sie anschaut, und sie hört ihn: man sehe einen Baum und wisse, das ist eine Platane oder dergleichen; dieser Baum ist groß oder klein.
– Aber das wird auch alles sein. Wer diesen Baum bildlich darstellen wollte, müßte die Proportionen jedes einzelnen Teils begriffen haben.
– Und das hab ich wohl nicht, wenn ich noch nicht einmal weiß, ob das tatsächlich eine Akazie und nicht doch eine Esche ist, und dann: die Proportionen eines Objekts zu erfassen, das sich von einer ebenen Fläche abhebt, einer ebenen Fläche wie dieser See, werde einem unvorbereiteten Auge niemals gelingen.
Überall sieht sie nur noch seine Bilder. Und wenn, ausnahmsweise, einmal nicht: die Flanierer vor dem nächtlichen See unter einem leuchtend ultramarinblauen Himmel, für einmal ganz überraschend neu, frisch, mein Bild,
– und mir ists wie ein Seitensprung, und selbst den würdest du mir mit einem Anderen eher verzeihn, so als würd ich dir, indem ich etwas Eigenes, etwas, das dir fremd ist, wahrnehme, in gewisser Weise untreu. Auch das Buch, in dem ich lese, muß verschwinden, bevor du eintrittst.
– Aber jedes Buch verführt dich, entfernt dich von mir, oft kommst du wie aus einer andern Welt sichtlich ungern zurück, ein Grund zur Eifersucht,
– ja, dann ist alle Welt Grund zur Eifersucht.

Diese verschwiegenen Eigenheiten. Wenn sie, was sie fremddenkt, ausspricht, wendet er sich enttäuscht ab, verletzt, daß sie nicht immer, ohne Ausnahme, sich von dem, was er sieht, was er denkt, was er empfindet, überreden läßt. Was heißt überreden, er redet nicht gern, daß sie nicht spontan, ohne weiteres so sieht, fühlt, denkt wie er, sie ein Stück von ihm, eine Erweiterung, Bereicherung seiner Person.

EIN FREUND IST AUS MARRAKESCH ZURÜCKGEKOMMEN und erzählt abendelang, was er erlebt, was er entdeckt hat, erzählt, wie er, fasziniert von Canettis Beschreibung, lange vergeblich den jüdischen Friedhof gesucht und endlich durch Zufall gefunden und dort alles ganz anders als beschrieben gesehen hat:

– Es gibt dort gar keine Steine. Zwischen grauem, niedrigem Gestrüpp liegen die Grabmäler, schmal, kaum so lang wie ein menschlicher Körper, sargähnlich aus Ziegeln aufgemauert, oft stufenförmig sich gegen oben verjüngend, die Oberseite rund oder im Spitzbogen. Die Ziegel sind mit Stuck verputzt, wenige Gräber sind frisch gekalkt. An den Schmalseiten am Kopfende je eine Nische, in die Kerzen gestellt werden. Neben einigen Grabmälern, die in verschiedenen Richtungen liegen, wobei keinerlei Ordnung festzustellen ist, gibt es kleine, ofenartige Bauten, zum Aufstellen der Lichter. Die meisten Grabmäler sind stark verwittert, so daß man die Ornamente, die sie verzieren, kaum mehr erkennt. Manche sind halb, manche ganz zerfallen, wie die Ruinen der Kashbahs gehen sie wieder in den Boden über. Wie ihre Bewohner. Kaum mehr Namen, manchmal eine farbige Kachel oder auch nur ein kleines Stück davon, hier und dort ist eine handgroße Steintafel mit hebräischem Text zuoberst eingelassen. Die neueren Gräber in den Friedhofsecken wirken mit ihren Marmorkästen barbarisch. Drei Burschen laufen mir überallhin nach, versuchen hartnäckig, mich aus dem Friedhof zu treiben, und werden erst etwas freundlicher, als ich erkläre, wegen eines Buches, wegen Canettis Beschreibung dieses Friedhofs, hier zu sein. Obwohl sie noch nie von Canetti gehört haben. Sie weisen mich zu einem Familiengrab hinten an der Friedhofsmauer, das mich höchst befremdet: Links sind einige Rollen halbwegs in die Erde versunken, die Höhlungen schwarz von Ruß, ringsum das zerknitterte blaue Papier, in das die Kerzen gewickelt waren, wie hier überall herumliegend, daneben ein mit gemusterten Kacheln bedeckter Raum mit mehreren gekachelten Gräbern und niedrigen Kachelöfen, einer davon mit Kamin, läßt unwillkürlich an Badezimmer denken. Wieder verstreut das Kerzenpackpapier. Gegen die Mitte des Friedhofs steht eine kleine Hütte, schief ein Vordach aus Wellblech, davor ein Mimosenbusch, das einzige Grün, sonst nur graues totes Gestrüpp. Innen ist diese Kammer und ihre beiden Gräber mit Kupferoxyd, wie eine Küche, gestrichen, in den »Öfen« brennen Kerzen, in Wassergläsern schwimmen Kerzen, und eine zerbrochene Kristallvase ist mit Öl gefüllt, der Docht darin ertrunken. Im Raum liegen mehrere Ölflaschen aus Plastik, und auch um die Mimosenstämme und zwischen den Gräbern sind leere Plastikflaschen verstreut.

Ein eigenartiges Gefühl von Weihe: jemand war gerade hier, um die Toten zu begrüßen, sie zu erwärmen. Die Verschandelung, der Dreck reicht nicht hin, um den Ort zu entweihen.

Friede, Ruhe, Schönheit in dieser anarchischen Ordnung: kein Reih und Glied, aber auch kein Chaos, die alten Gräber sind sich alle ähnlich, nicht gleich. Sie stehen nicht, sondern liegen: ein anderer Zustand ist erreicht, die liegenden Säulen müssen nichts mehr tragen, nichts mehr ertragen. Ein riesiges Gräberfeld, Zeugnis einer Bevölkerung, die es unter den Lebenden hier nicht mehr gibt. So ist der Zerfall kein Zeichen von Gleichgültigkeit, die Lebenden waren gezwungen, ihre Toten hinter sich zu lassen. Die Farbtöne, Ocker, Grau, Siena und Weiß, und das Licht, der riesige helle Himmel über der schartigen Mauer im Hintergrund, und die Stille mitten in der dröhnenden, jammernden, leiernden, hupenden Stadt.

Kein Mensch, außer den drei Burschen und mir, verloren im Revier, und draußen, ein Ameisenhaufen, muß man sich zwischen Menschen, Tieren und Fahrzeugen durchschlängeln oder durchdrücken.

Auf dem Rückweg ein Moment des Irrsinns: eine gebückte, in ihren Bewegungen und Gesten gestörte Frau kommt schreiend, mit von Tränen überschwemmtem Gesicht mir entgegen. Die Straße ist eng, ich drücke mich an die Mauer, eine dieser abweisenden Häuserfronten ohne Öffnung. Hinter der Frau erscheinen zwei Kinder mit Sandeimern, eine Kleine mit teuflisch grinsenden, irren Zügen kreischt, verhöhnt die Frau und bewirft sie mit nassem schwärzlichen Sand. Im gleichen Augenblick, in dem diese Gestalten erscheinen, treibt ein wütender Mann, im Wagen stehend, seinen kleinen Esel mit einer langen kräftigen Lederpeitsche grausam an, fährt laut fluchend, peitschenknallend, mich knapp streifend, an uns vorüber.

Und jetzt sieht das kleine Mädchen wie irgendein verlottertes Kind aus, die Frau ist um eine Ecke verschwunden, der Eselkarren vorbei.

Place des ferblantiers. Ich höre Flugzeuglärm, hier nicht so alltäglich wie anderswo, schaue auf und sehe einen Storch über mir segeln, noch einen, drei, vier Störche.

– Aber gerade darauf kommt es doch an, sagt Franz, auf genau das: du siehst etwas zum ersten Mal,

– als Kind hab ich viele Störche gesehn!

– auch das, was du seit jeher kennst, siehst du zum ersten Mal. Bis dahin hast du es mit anderen Augen angesehn, hast nur das gesehn, was andere dir gezeigt hatten. So wie sie es gesehn hatten. Wie es bereits gezeichnet, gemalt, fotografiert, gefilmt, beschrieben oder wie immer dargestellt war. Du hättest diesen Friedhof mit Canettis Augen sehen können, hättest seine Gedanken nachvollziehen können, du hast das sogar erwartet. Die geborgten Elemente der Darstellung. In einer Welt, die schon vor uns existierte und die darzustellen unzählige Male versucht wurde, in deren Mitte wir jetzt leben, inmitten unzähliger Versuche, sie stückweise oder umfassend darzustellen. Und auch was du täglich angeschaut hast, kennst du nicht wieder. Nein, du erkennst es in diesem Moment zum ersten Mal.

ICH BIN NICHT SEIN FREUND, ICH BIN SEINE FRAU.

– Nicht meine Frau, meine Geliebte.

– Die Geliebte so einer Persönlichkeit. Warum sag ich nicht: von so einem Typ, lacht sie, zuhause. Sie hat ja Zeit, genügend Zeit, oder zuviel? noch lange nicht zuviel Zeit, ihn sich vorzustellen, wenn er nicht da ist, wie meist, ihn sich bildhaft vor sich zu stellen. Seine Erscheinung kommt ganz von selbst, kommt über den Gartenweg, durchs Stiegenhaus, zur Tür herein. Da sitzt er, wie vorgestern, das bärtige Gesicht erwartungsvoll, aufmerksam, und sie redet mit ihm, so stellt sie sich vor, läßt heute ihren Part nicht aus. Was hätte sie ihm nicht alles zu sagen, ihm, Franz, der sie belebt, für den sie jetzt lebt, wieviel hätte sie ihm von sich, von der, die sie vor ihm war, von dem, was sie bis dahin erlebt hatte, sagen wollen.

Ungesagt, zumindest nicht gehört, von Franz nicht und

auch von niemandem anderen gehört, wurde das, was einmal gewesen war, was in ihrem Kopf weiterlief in den leeren Stunden, wie ein nicht anzuhaltender Film, der vorwärts und, gleich darauf, das Vorhergehende auflösend, rückwärts lief, zum Hirngespinst, zu einer unwahrscheinlichen, nur von ihr phantasierten Geschichte, die es nicht wirklich gegeben, so jedenfalls nicht gegeben hatte. Und an deren Wahrheit sie selber zu zweifeln anfing: war sie nicht längst das Opfer ihrer eigenen Phantasien geworden, was war sie denn damals, wer war sie früher gewesen? Hatte es sie so, wie sie zu sein meinte, überhaupt gegeben? Und wenn sie sich nicht sicher war, daß es sie je gegeben hatte, wie war es denn möglich, daß es sie jetzt gab? Vielleicht, ja höchstwahrscheinlich, war sie eine ganz andere Fremde. Natürlich war sie für Franz eine andere, und mit ihm auch für sich selbst anders als ohne ihn. Jetzt allein war sie weder für sich selbst noch für einen Außenstehenden, einen Fremden, die, die sie in geselligeren Zeiten, oder mit Franz zusammen, als sein Modell oder als seine Geliebte zu sein schien. Aber war sie vielleicht nur mit Franz wirklich, nur dann lebendig und schien, wieder allein, bloß in ihren Vorstellungen von sich selbst zu existieren? Dreh dich, dreh dich, Rädchen, Valerie für sich und die Valerie von Franz waren nicht miteinander vereinbar, es sei denn, Franz hätte das, was sie als ihr Eigenstes betrachtete, was sie beschäftigte, zur Kenntnis nehmen können.

ES WAR NICHT DAS, WAS SIE VON IHM UNTERSCHIED, was sie beschäftigte, woran ihm lag:

– Nach der Einheit trachten, nach einer starken und machtvollen Einheit, das heiße, laut Hodler, nichts anderes, als einer Sache zur größten Klarheit verhelfen, das heiße, eindeutig ausdrücken, daß dieses Ding voll Anmut ist und jenes voll Stärke.

ANMUT, weiblich natürlich, was sagst du zu so einem Wort? Und die Stärke, aber männlich, dagegengesetzt.

Betrachtete sie seine Bilder, die Bilder, zu denen sie Modell gestanden hatte, so fand sie sich nicht immer anmutig, ganz und gar nicht.
– Soll ich das sein? So verkrampft, so vertrackt soll ich aussehn?
– Man gibt seiner Liebe Gestalt. Man zieht jene Gestalt einer anderen vor. Man reproduziert die Reize wohl nicht nur einer Landschaft, in der man glücklich war. Die Empfindung, die das Schaffen bestimmt, drängt, von der Schönheit der menschlichen Figur zu berichten, schreibe Hodler, man heiligt die Formen des menschlichen Körpers, zeigt eine vergrößerte, vereinfachte Natur, befreit von allen Details, die nichts besagen, zeigt ein Werk nach den Maßen seiner Erfahrung, seines Herzens und seines Geistes, sagt Franz.
Manchmal, am Anfang, schien ihr, glichen ihre Bilder eher ihm. Und wenn er tatsächlich richtig sah?
Mehr und mehr wurde sie zu ihrem, zu seinem Bild. Sie bewegte sich so, stellte sich so, wie sie sich dargestellt vorfand.

– Der Zweck eines Bildnisses besteht darin, das Wesen des Dargestellten in seiner Unbedingtheit wachzurufen, hört sie ihn wieder zitieren. Die Ähnlichkeit müsse vollständig und packend sein. Das Bildnis sei aber auch ein Werk, das die Merkmale seines Schöpfers trage.

- Siehst du, sagt sie.

- Keine Fotografie, es ist ein Werk individueller Beobachung.

- Was du siehst, was du alles auf einem Spaziergang beobachten kannst.

- Ja, meist kommen mir die guten Gedanken beim Gehen. Also komm, gehn wir!

- Jetzt nicht. Warum gehst du nie allein?

- Was hält mich davon ab? Dieses Sich-selber-überlassenein, das ich mir immer wieder wünsche, als ob das besonders stark fühlbar, zum Verlassensein würde, wenn ich mich allein in der Landschaft, außerhalb der Wohnung, also in der Fremde, befinde. Noch schlimmer als in einer Stadt, ogar in der Großstadt, allein zu sein.

- Es gibt große Spaziergänger, Darsteller ihrer Wanderungen, Robert Walser etwa, oder Rousseau.

- Und auch du gehst nur hinaus, um zu malen.

WARTEN.

- Warum hast du nicht geschrieben, zumindest geschrieben, ich hätte deinen Brief lesen und wiederlesen können. Aber warum bist du nicht gekommen, ich habe den ganzen Tag auf dich gewartet und mußte am Abend einsehen, daß du nicht im Sinn hattest, deinen Sonntag mit mir zu verbringen.

- Sonntag, was heißt Sonntag, wer weiß, welcher Tag heut ist, und mitten in der Arbeit, Samstag oder Mittwoch, Montag oder Sonntag ist mir egal, hör ich nicht auf, bevor ich fertig oder zum Weitermalen zu müde bin.

ie hatte den ganzen Tag auf Franz gewartet und mußte am

Abend einsehn: wie brav, wie zahm. Mehr mutet sie ihm nicht zu. Mehr wäre eine Szene. Wer macht gerne Szenen. Wer würde um Szenen willen mehr geliebt? Um Gotteswillen. Bleib ruhig und sprich nicht alles aus. Erinnert mich ans Spital. Alles, was du einen ganzen Tag lang morgens gehofft, bis abends befürchtet hast. Abends mußte ich einsehn, daß du nicht im Sinn gehabt hast

Hab ein Einsehn. Ich bin müde vom Warten. Alles mögliche lernt man, aber Warten lernt man nicht.

WIE WIR ALLE GANZ BRAV und augenscheinlich geduldig, denn niemand sagt etwas, fragt etwas, abwartend dasitzen.

Einmal, ganz am Anfang, hat sie festgestellt, daß es sich auf diesem neuen, hellen, in Schichten verleimten Holz nicht sitzen läßt. Nach jeweils fünf Minuten stand sie mit Rükkenschmerzen von der sicherlich teuren Bank auf. Und damals, sie war das erste Mal in der Abteilung für Strahlentherapie, hat sie deutlich protestiert: sie würde nie wiederkommen. Natürlich nicht nur der Bänke wegen. Sie wollte diese Therapie nicht, wollte gar nicht um jeden Preis überleben.

– Aber jetzt?

Sitzt sie da wie alle andern. Neben einer Zwölf- bis Dreizehnjährigen, deren dunkle Haare unter einem Eisenhelm heraus auf die mit Papierservietten belegten Schultern hängen. Ihre Mutter versucht mit aller Kraft, dem Mädchen den unförmigen Helm an den Kopf zu drücken, redet leise beruhigend auf die Grimmassierende ein.

Valerie gegenüber sitzt eine bäuerlich wirkende ältere Frau, ein Auge mit Pflaster verklebt. Sie kennen sich seit Wochen, begrüßen sich vor oder nach dem Bestrahlen, oft schon auf dem Weg ins Spital, wo ihr Mann sie beim Gehen stützen muß.

Freundlich und aufmerksam hört diese Frau jetzt einem jungen Mann zu, der die Geschichte von seinem Hodenkrebs erzählt, halb weinend, aber detailliert. Es macht Valerie zu schaffen, daß ihr der Junge so unsympathisch ist, warum? Zwischen Mitleid und Ablehnung findet sie sich nicht zurecht. Es scheint ihm nicht bewußt, daß auch das Mädchen ihm gegenüber Krebs hat, wie alle anderen Anwesenden.

– An die Unbequemlichkeit der Bänke zu denken, wäre jetzt eine Erleichterung.

Gestern hat der Junge mit Bestrahlen angefangen, ich hab also mehr als fünf Wochen Vorsprung, sagt sie sich. Vorsprung in welcher Richtung?

Der Ausblick vom Café oben auf dem Bettenhochhaus, von dem Platz aus, wo Valerie manchmal mittags zwischen meist Weißbekittelten an der Sonne sitzt, ein herrliches Panorama in den strahlendsten Herbstfarben. Und einmal, nach Wochen, der Blick hinunter direkt auf den Bremgartenfriedhof. Und meine Verwunderung auf den ersten Blick, dieser ganz unerwartete Anblick der unzähligen gleichgroßen, gleichmäßig verteilten Steine dort unten vor einem Fabrikareal. Wie sie alle dastehn, wie sie dort liegen.

– Du bekommst ein Aufgebot, wie beim Militär!

Valerie wird benachrichtigt, daß sie schleunigst fliehen muß und sich an einem bestimmten Ort beim Geheimdienst melden soll. Aufgepaßt: möglichst unauffällig soll sie sich stellen, auf eine unverdächtige Art, sonst würde sie geschnappt.

Kopflos sucht sie ihre Siebensachen zusammen, wobei sie

immer wieder, weil sie jedes Mal etwas Wichtiges vergißt, zurück in ihr Zimmer muß. Am Schluß in größter Eile bittet sie die Schwester, ihr noch die Blusen, aber bitte die richtigen, mitzunehmen, obwohl noch gar nicht feststeht, ob sie später, ob sie je wieder mit den anderen zusammentreffen, ob sie auch diese Schwester wiedersehen wird. Dann rast sie zum Bahnhof. Franz taucht auf, trägt ihren Rucksack, nein, das war gar nicht Franz, das war ja ihr Mann (aber der würde doch nie einen Rucksack tragen!), und er zeigt ihr einen abkürzenden Weg. Sie erwischt den Zug gerade noch und muß, da sie, schon auf dem Trittbrett, vergeblich wartet, ohne Gepäck alleine fort.

Die seit jeher bekannten Hügel, wie sie aus der Ebene aufsteigen, die Getreidefelder, Gemüsefelder fahren an Valerie vorbei, die vertrauten Silhouetten uralter Bäume und ihr Spiegel im See, das neapelgelbe Schilf, jeder Augenblick kostbar, das Spätnachmittagslicht, der Fahrtwind, sie möchte alles, was gerade noch hier zu sehen, zu spüren und zu riechen ist, im nächsten Augenblick aber verschwunden sein wird, für sie vielleicht für immer untergegangen, für sich behalten.

ALLES MÖGLICHE LERNT MAN, aber Warten lernt man nicht. Sollte Pflichtfach sein in der Schule. So wie das Turnen, durch regelmäßiges Training wirst du zunehmend stärker, wäre wichtiger als Rechnen, Geschichte, Geographie, zumindest für Mädchen, für Frauen.

– Oder lernen, nicht mehr zu warten.

Das erinnert sie, an was sie nicht erinnert werden will. Die Wartezeiten, verrückt vor Angst (beschreib das doch, wie das ist, verrückt vor Angst zu sein, oder hast du Angst, da-

bei verrückt zu werden?) und dabei ungeduldig. So ungeduldig, als würde das Erwartete die Warterei lohnen. Und Valerie wußte doch, sie wartete auf etwas Schmerzhaftes.
– Wir warten mit dem Nachtmahl, weil noch nicht feststeht, ob Sie morgen operiert werden.
– Warten auf Verlust.
Warten auf den Arzt. Was für ein Mensch wird das sein? Warten auf ein Gespräch mit diesem hoffentlich vertrauenerweckenden Fremden, weil noch nicht feststeht, für sie zumindest, wie operiert werden würde.
Die quälenden Fragen. Mit Näglein besteckt ganz und gar, Foltern, aber nein, Näglein sind Nelken, ein Nagel neben dem anderen.
– Bis morgen.
Was heißt stundenlang?
Wer immer mich amputiert, den werde ich erschießen.
Schlüpf unter die Deck!
Wie komm ich zu einer Pistole?

HINTER IHR, ABER HEUTE VORBEI, ein schwerer Tag, mehrere Tage, kaum durchzustehen, endlos schien die Zeit, bleiern. Wovon ich heute kaum mehr reden kann, denn um davon sprechen, einen schlechten Zustand darstellen zu können, muß es mir wieder besser gehen. Doch wie ich mir, deprimiert, nicht vorstellen konnte, daß ich mich je hätte richtig freuen können, so unmöglich ist es mir in guten Zeiten, das Unglück und das Leiden als wirklich wahr zu erinnern. Denn wußte ich da tatsächlich nichts mehr von einem vergangenen Glück, gab es nicht doch noch die Möglichkeit von etwas Besserem, also immer noch Hoffnung? So scheint mir, wenn es mir gut geht, alles Reden vom Unglück und

Leiden unwahr, als würde ich Geschichten erzählen, ich komme mir selber als Erfinderin des Unglücks vor.
So gut wie heute wird es auch morgen, übermorgen noch gehen. Wenn nicht, so will sie ihr heutiges Wohlbefinden nicht mit vielleicht, hoffentlich, doch überflüssigen Befürchtungen verderben.

Und Franz ist nach längerer Abwesenheit wieder einmal gekommen, Grund zum Feiern. Wie sie ihn kannte, war er umso besserer Laune, ermutigender, bestärkender, je besser es ihr ging, je hoffnunsvoller sie sich gab.

Diese schönen, hoffnungsvollen Momente: wenn die Flokken der Pappelsamen
– oder sind diese Wattestückchen Samen von Weiden?
durch die Sommerluft schweben, auf die Sonnenbadenden in den Liegestühlen sanft herabschneien, in den Ästen der Obstbäume und in den Ritzen der Fensterläden hängenbleiben. Flimmern über dem See, wie Spielzeug die Surfer und die Segel- und Motorboote. Der Nachbar links malt Blau auf die Rostschutzfarbe seines Balkongitters. Unter dem alten Kirschbaum steht der Kinderwagen, die Kleine spielt mit ihren Händen und Füßen. Das verwilderte haushohe Fliedergestrüpp hat Samenstände angesetzt, hätte eigentlich längst zurückgeschnitten werden sollen. Frauenstimmen, ein leises Gespräch unter dem Sonnenstore am weinüberwachsenen Haus schräg gegenüber.
– Wir richten uns hier wieder mal behaglich ein.
– Kannst du Glück malen?
– Ich wollte, ich könnte es, ich wollte, ich könnte alles aufzeichnen, Glück und sein Gegenteil und alles dazwischen.

7

DIE CHINESEN schlagen ihren Feinden die Köpfe ab und spießen die auf Pfähle: Gartenzäune, mit blutenden oder schon entfleischten, von der Sonne gebleichten Schädeln besteckt.
Jemand singt sie in den Schlaf: Mi-it Näglein be-esteckt, schlü-üpf u-unter die Deck.
Die Chinesen sind sich selbst Feind genug. Sie schlagen sich ihre Köpfe ab.
Weg mit dem Kopf.

Wie gut ginge es Valerie in China, wenn sie alles, was jetzt gerade in ihrem Kopf herumgeistert, los wäre, ich wollte, sie wär in China, denn wär sie nicht im Spital, wär sie jetzt dort.
Der Abteilungsarzt sitzt auf der Bettkante und versucht, Valerie mit der Aussicht auf Strahlentherapie Chemotherapie Hormontherapie Immuntherapie Chirurgie zu beruhigen, abhauen abschneiden fort mit dem blutigen Zeug!
Wenn ich meinen mit Diagnosen und Prognosen zum Zerspringen vollen Kopf los wäre. Geschwüre Tumore. Ich wollte, ich wär in China, denn wär ich jetzt nicht ins Spital aufgeboten worden, aufgeboten, als müßte ich zum Militär
Ich muß Hanna fragen, die China-Spezialistin ist, genau kennt, was über China geschrieben und publiziert wurde, oder so genau, wie das einer einzelnen möglich ist, die auch in China war, fragen, wie nun aber diese behauptete Selbstgenügsamkeit der Chinesen mit der Besetzung von Tibet zu vereinbaren ist. Hanna, die, solange Mao noch lebte, nie

längere Zeit von Kopenhagen verreisen durfte, ohne ihren für die Medien vorbereiteten Nachruf auf Mao zu vervollständigen, auf den letzten Stand zu bringen. Mao war, das weiß Valerie, weil Hanna dann mit einem gehetzten Ausdruck hier eintraf, mehrmals gerade vor den Sommerferien schwerkrank. Jetzt warten lange Schlangen vor seinem Mausoleum, das renoviert und erst vor kurzem eröffnet worden ist. Die Ordner treiben mit Megaphon zur Eile. Mao liegt, zugedeckt von einem alten, einfachen roten Fahnentuch, mit weiß beleuchtetem Gesicht in einem Glassarg. Am Mittag, wenn das Mausoleum geschlossen werde, seien die umliegenden Restaurants und Kaufhäuser zum Bersten voll. Eine Kauf- und Freßwelle sei über Peking hereingebrochen.

Wahrscheinlich hat Valerie Hanna schon vor langem gefragt, ob die Geschichte mit den aufgespießten Köpfen wirklich wahr ist. Was Hanna davon hielt, weiß Valerie nicht mehr, weil Geschichten, die man als kleines Kind hört, die einem der Vater als selbsterlebt erzählt hat, wahrer bleiben als alle späteren Berichtigungen. Sie glaubt immer noch, daß ihr Vater einmal in China war, mindestens einmal. Wie auch sonst überall:

– Das habe ich schon gesehn, das kenne ich schon. In Indien muß man aufpassen, keinen heiligen Kuhmist ins Essen gestreut zu bekommen, der sei so unvermeidlich wie in Italien der Parmesan. Über seine Nord- und Südamerikareisen hat ihr Vater ein Buch geschrieben. Mit ihren Geschwistern hat sie in einer großen, reichgemusterten Indianerhängematte geschaukelt, statt zu schlafen.

– Wir hatten echte Panamahüte, die hielten wir in der Hand, wenn wir sie aufsetzen sollten.

Ganz sicher ist auch Valeries Mutter, sehr jung, in den USA

und in Kanada gewesen, denn was sie von der Unverständlichkeit des kanadischen Französisch erzählte, konnte ich, viel später, nur bestätigen. Hingegen gab es dann keine rauchend stillenden Mütter mehr in den Movies, oder aber es gab so viele stillende und dabei rauchende Mütter, daß man sie gar nicht mehr bemerkte. Vielleicht weil ihre Mutter Nichtraucherin ist wie sie selbst, hatte Valerie nie große Lust, nach Amerika zu gehen. Und keinen Grund, nach China zu reisen. Alle die aufgespießten Köpfe. Die zusammengequetschten geschnürten Frauenfüße.
– Aber das ist doch vorbei!
– Faule Eier.

Schlaflos, stundenlang, wenn es nur endlich Tag würde, versucht sie zu lesen, dann schläft sie ein, löscht im Halbschlaf die Lampe, liegt wieder hellwach da, sieht ihr Kind vor sich, wie es sie anblickt, versucht vergeblich zu lesen, bis zur Morgendämmerung fällt alles Unheil über sie her, wie gehabt. Und was bevorsteht, Unerträgliches ist denkbar, wie die Kleine sie, Schneewittchen im Mao-look, anschaut, per Zeitraffer zerfällt Schneewittchen, Langnase! Aus sicherer Distanz ruft die Kleine: Langnase! Das Schlitzaug, weit entfernt: für ein Kreuzer Bärendreck haut mer dir den Kopf hinweg! Wann wird es endlich hell. Wenn es dann wirklich Tag ist, bleibt Valerie erschlagen liegen und steht nur auf, um sich ins Bett zurückzusehnen, oder ins Bad.

Eine große Badewanne, bis oben gefüllt mit angenehm riechendem, hellgrünem, angenehm warmem Wasser, spät abends vor der Operation:
– Sie können drinbleiben, so lange Sie wollen!
– Die Henkersmahlzeit. (Ich bin noch intakt: Wer diese Fi-

gur in der Badewanne bildlich darstellen wollte müßte die Proportionen jedes einzelnen Teils begriffen haben es fehlt mir nichts wie komm ich zu einer Pistole!)

Vor einer Stunde ist Franz fort, auf den Zug gegangen, aufgeregt, nicht im Streit, nur gespannt. Beide sind enttäuscht, es ist wieder mal schiefgelaufen. Ein Schwall von Ungutem. The truth is, I am not a wise man, I am not a wise woman.
Von seiner Unlust und Hoffnungslosigkeit überschwemmt, spürt sie sich aufgesogen von etwas Dunklem und an einen Mühlstein gefesselt, in ein Loch gekippt.
Valerie will anrufen, verbietet es sich, geht also gegen ihren Willen zum Telefon, ich bin tatsächlich keine kluge Frau und überdies eine Sterbliche von so geringer Konsequenz in dieser Welt, daß wenig dran liegt, was ich tu, wählt die Ateliernummer, so kümmerts mich selten, macht mich nicht heiß, läßt zehnmal läuten, er ist noch auf dem Weg, vielleicht, wo sonst? Heute früh:
– Nimmst du noch Brot?
– Seit wann wärmst du die Milch, ist das neu?
– Was ist, warum so trist?
– Nichts, nichts. Meine Stimmungen schwanken ständig von heiter heut auf schwarz morgen. Unsre Abhängigkeit von den wechselnden Verhältnissen, in denen uns die Dinge erscheinen, verhindert die richtige Kenntnis der wirklichen Dimensionen.
– Pst, du weckst die Kleine!
– Hast du vorhin nicht gesagt, unser Verhalten, nein, unser Verhältnis mache dir Kummer?
– Wie gehn wir miteinander um.
– Wären wir allein, immer zusammen, wenn es Berta nicht gäbe?

– Die unaufhörliche Spannung und Unruhe.
– Diese Übergänge von einem weichen Akkord zu einem kontrastierten, harten: häufige Empfindungen im Leben.
– Hodlers Leben, was geht mich das an? Endlich nur wir beide und das Kind, du mit deiner Arbeit, ich mit meiner und dem Kind.
– Es weint wieder, warum nimmst du es nicht auf?
– Wenn uns wenigstens die andern in Ruhe ließen.
– Ruhe, sagte mal mein Vater, hast du erst auf Sankt Johann. Das ist ein wunderschön gelegener Friedhof.
– Warum bin ich überhaupt gekommen, fragt er, lautlos.
– Eine schöne, liebe Geste, sagt sie, lautlos. Warum hab ichs nicht laut gesagt. Sie sieht ihn leicht abgedeckt auf dem Sofa liegen, wach seit sechs, diese Abhängigkeit von den wechselnden Verhältnissen, in denen uns Dinge wie auch Personen erscheinen, verhindert nicht nur die richtige Kenntnis der wirklichen Dimensionen, sogar die völlige Anschauung des Objekts, das wir doch nur von einer Seite erblicken.
– Wach seit zwei Stunden und zu traurig, um aufzustehn.
– Es geht uns gleich.
– Aber jeder bemerkt nur seine eigene Traurigkeit.

Auf den Straßen liegt Schneematsch. Die vorbeifahrenden Autos spritzen sie an, Valerie versteckt das Kind unter ihrem Schal. Die Schuhe verfärben sich von den Sohlen her.
– Ob wir heiterer wären bei blauem Himmel?

Rings um Peking werde von der ersten Dämmerung bis in den späten Abend hinein gearbeitet. Sieben Tage in der Woche. Neuankömmlinge aus dem Westen staunten über den reibungslosen, ruhigen Auto- und Fahrräderstrom. Noch stiller gehe es in den Industriezentren der Nordprovinzen zu. Millionenstädte, die um 1900 noch Fischerdörfer gewesen seien. Zu Tausenden füllten die Radfahrer lautlos die Straßen, als fließe ein Marathon mit hunderttausenden Teilnehmern durch die Stadt. Versuche ein Auto, den Strom zu durchschneiden, sehe es aus, als würde ein Schiffsbug einen Schwarm Fische trennen. Verirre sich einmal ein »Geisterfahrer« in eine vollgestopfte Einbahnstraße, machten ihm alle gleichmütig Platz. Keiner schimpfe, belehre oder rege sich auf. Seelenruhig fahre auch er dahin.

Seit Stunden schneit es. Über den Münsterplatz läuft ein Dalmatiner: über eine leere weiße Fläche werden im Rhythmus eines laufenden Hundes schwarze Flecken bewegt.

Sie flüchten aus der nassen Kälte in eine Ausstellung moderner Architektur: schöne klare Entwürfe zu lichtdurchlässigen Bauten in den Dreißigerjahren, später werden es je nach Auftraggeber, Konzernen oder Banken, behäbige, bürgerliche Bauten mit deutlichen Anzeichen von Geltungstrieb, die schweren Fassaden demonstrieren Macht. Die Kleine wird unruhig, unzufrieden.
– Rückenschmerzen, klagt Valerie, sie wird mir zu schwer.
Franz hatte anfangs die Fotos, Modelle und Pläne detailliert mit großem Interesse angeschaut, plötzlich, vor dem Bild eines Geschäftsgebäudes, an dem er seit Jahren vorbeigeht, ist er müde. Sieht nichts mehr.
– Und merke wieder mal, was ich längst weiß, daß es nicht gleichgültig ist, für wen man schafft. Von wem man akzeptiert wird, wem man gefällt. Ein Grad zu angenehm, ein klein

wenig zu hübsch, dekorativ sitzt du in der Falle. Der Architekt sei mit achtundfünfzig Jahren gestorben, liest Franz.
– Dem Ausmaß seiner Arbeit nach zu schließen, wahrscheinlich müde geworden.
Auf seinem Arm fängt das Kind an zu weinen.
– Wer schafft das schon, jahrelang immer wieder von neuem der Versuchung, zu gefallen, zu widerstehn. Der Versuchung, nicht nur sich selber gefallen und dazu einigen, die das Metier so verstehen wie man selbst, nein, vielen gefallen zu wollen.
– Die Kunst, das ist, laut Hodler, der Gestus der Schönheit.
Während das Kind plärrt.
– Wer schafft das, der Schönheit zu widerstehen, sagt Franz: das Schöne ist der Abglanz des Wahren.
Und wie viel Häßliches ist wahr, und so viele Wahrheiten sind häßlich (ich ertrage mein eigenes Kind nicht mehr), denkt Valerie: wer schafft das schon, der Versuchung, zu gefallen, zu widerstehen?
Sie schlüpft in das gescheckte Hundefell, das unerzogene Auge begreife nämlich nicht alle Werte der Erscheinung, jenen Rhythmus der Formen, der durch Bewegung, Stellung und Gestus erzeugt werde, und bewegt die auf einen weißen Pelz aus Acryl kopierten schwarzen Tupfen in ihrem eigenen Rhythmus über den verschneiten Platz.

Freifliegende Gedanken, kaum mehr zu verfolgen.

Sechs Männer legen einem fünfzehnjährigen Mädchen eine lange Steinplatte auf den Bauch und stellen sich darauf: siebenhundertfünfzig Kilo, alles zusammen. Lächelnd erhebt sich das Mädchen nach zwanzig Sekunden wieder.

– Warum Gedanken verfolgen?
Gedankengänge gehen. Warum gehen? Laß sie fliegen.
Da hat sie sich also wieder mal eingerichtet, ganz gemütlich. Ihre Mutter hütet das Kind. Die Flocken fallen, und die Gedanken fliegen, und ich schau ihrer Zerstörung zu, und es ist, als wär es nie anders gewesen, als könnt es gar nicht anders sein.

Die Anschrift auf dem Bus vom Bahnhof, Nr. 11: GÜTERBAHNHOF, ÜBER INSELSPITAL, BREMGARTENFRIEDHOF.
Bakunins Grab. Es kann nichts Lebendiges und Menschliches außerhalb der Freiheit geben. Bakunins Grab wollte sie doch seit langem suchen gehen, nein, jetzt nicht. Jetzt, wenn Valerie täglich diese Strecke fährt und eine Station vor dem Friedhof aussteigt und täglich eine Zeitlang ganz nah von Bakunins Grab verbringt und Zeit zum Suchen hätte, sie auch Bakunins Ideen von neuem und mehr denn je beschäftigen, sie fühlt sich lebendig, so lebendig wie lange nicht mehr, jetzt ist ihr der Anblick von Grabsteinen (siebenhundertfünfzig Kilo auf dem Bauch), ja sogar der tägliche unvermeidliche Blick auf die Busbeschriftung, diesen Stationenweg, zuwider, zu viel.
– Schon im Autobus treff ich den Schornsteinfeger an, meinen »Vorgänger«, der um 11 Uhr bestrahlt wird. Ich komm um 11 Uhr 15 dran, setz mich neben ihn, und wir führen das gestrige Gespräch fort. Er komme zum zweiten Mal, sei anfangs Oktober bereits drei Wochen lang bestrahlt worden, er wisse nicht, warum die Behandlung unterbrochen wurde. Der Ölruß, sagt er, nein, er flucht nicht, habe seine Lunge ruiniert. Drei Jahre vor der Pensionierung werde er nicht wieder anfangen zu arbeiten.

– Etwas anderes tun? Was denn? Außerdem ist es unwahrscheinlich, sagt er, daß ich überhaupt davonkomme.
Er sagt es ganz ruhig, fast heiter. Und fast heiter ist die Atmosphäre im Warteraum. Wirklich.
– Was du da erzählst, ist zu traurig, sagt Franz, ist kaum auszuhalten.
– Dann erzähle ich es falsch. Denn in jeder Straßenbahn, in jedem Bus entdecke ich mehr Niedergeschlagenheit, mehr deprimierte Gesichter als hier, als wäre der Bus, die Straßenbahn gerade an einem Drama vorbeigekommen.
Sie sollte vielleicht nichts sagen, sollte vergessen, was sie weiß. Nur das, was sie sieht, notieren.
– Vielleicht vergessen wir alle das, was wir wissen, es ist der schönste Herbst seit Jahren, und bis auf das Warten hier, bis auf die wenigen Minuten Bestrahlen, sind wir frei.
Man grüßt, setzt sich hin und schweigt. Ja, die meisten schweigen oder hören schweigend zu, wenn jemand von sich, das heißt von den Symptomen seiner Krankheit und von der Behandlung erzählt. Das Wissen und die damit verbundenen Gefühle und Ängste werden ausgelassen.
– Wir wirken im großen und ganzen gar nicht krank, sagt Valerie, denn das verklebte Auge vis-a-vis, das könnte auch eine kleine Infektion sein, und daß die Frau schlecht auf den Beinen ist, Mühe hat, aufzustehn, wer weiß, vielleicht ein Ischias.
– Sie können sich nicht vorstellen, was das für mich bedeutet hat, sagt der junge Mann, seine weinerliche Stimme ist die Ausnahme, mit zweiundzwanzig eine Hodenoperation, der Arzt hat befürchtet, es könnte auf die andre Seite übergreifen, und jetzt die Bestrahlungen, jeder intelligente Mensch weiß doch
– Wie er das allen erzählt, sagt Valerie, und daß er denkt,

wir könnten uns das, was uns allen in der einen oder andern Variante geschehen ist, nicht vorstellen. Und daß ich jetzt von meiner Krankheit erzähle, das hätte ich mir auch nicht vorgestellt.

Valerie freut sich über jeden warmen Tag, es ist der schönste Herbst seit Jahren, und trotzdem drängt es sie, von den Grauen einer Gegend zu berichten, von einer Figur und den Gefahren, denen sie ausgesetzt ist, denn zieht er, Franz, nicht jene Figur einer anderen vor?
– Weißt du, sagt sie, oder nein, das sagt sie nicht, wenn man will, wird die Brustwarze bis zur plastischen Operation, wenn man die wünscht, auf den unteren Teil des Bauches, wo sie von der Unterhose verdeckt wird, transplantiert, wenn man das möchte, werden die Reize einer Figur rekonstruiert, die Lust der Zerstörung ist zugleich eine schaffende Lust: Rekonstruktion der Figur, mit der er glücklich war, und sie selber auch, was drängt sie, von dem Stückchen Wirklichkeit zu berichten, das sie so lebhaft zu rühren vermochte.

Vor dem Altersheim weht die Fahne, und die Windsurfer rasen übers Dach, und drei Pappeln sind so hochgewachsen, daß sie den See zerteilen. Der Flieder hat viel zu viele Samenstände angesetzt, und niemand wird ihn heuer schneiden. Von nebenan hört man zwei Männer tratschen. Es riecht leicht nach Schwefel.

Ein Mädchen stellt sich auf zwei leere Zündholzschachteln. In die ausgestreckten Arme werden ihm zwei mit Wasser gefüllte Eimer gehängt. Die Schachteln bleiben ganz. Dann stellt es sich auf vier rohe Eier. Ein Mann klettert auf den

Rücken des Mädchens. Die Eier brechen nicht, sie werden später vom Publikum in eine Pfanne geschlagen.
Die Kunst heiße Wushu-Qipong. Vor jeder der sechs täglichen Vorführungen gehe die Familie ins Zelt und bereite sich mit Meditation und Atemübungen auf das Wunder vor, unverwundbar und leicht zu werden.

ROTRAUT, Valeries Schulfreundin, im Bett, gelähmt. Sie hätte, kurz nach ihrer Ausbildung, als Expeditionsfotografin nach China fahren sollen, da war es ihr plötzlich unmöglich, einen vollen Suppenlöffel bis zum Mund zu führen, beim Gehen versagten die Knie, wurden ihr sehr schnell die Beine weich. Fortlaufend schlief eine Partie ihres Körpers nach der anderen ein, war zuerst nur noch unzuverlässig, unbeholfen, ungeschickt, bald gar nicht mehr zu gebrauchen.

Langsam, unmerklich, aber stetig wechsle die Landschaft. Zuerst noch die lehmigen, gelben Bewässerungskanäle. Wo immer möglich, sei jeder Quadratmeter Boden mit Getreide bepflanzt. Trotzdem seien nur gerade fünfzehn Prozent der Gesamtfläche Chinas landwirtschaftlich nutzbar. Aber eine Milliarde Menschen, ein Viertel der Menschheit, müsse von dieser Fläche leben. Die mühevolle Arbeit werde von den zähen, dünnen Bauern und ihren Familien und von Landwirtschaftsbrigaden bewältigt. Einzige Hilfe dabei seien Esel und Ochsen.
Vom Bett aus betrachtet sie die an die Wand gehefteten schönen Bilder der Hügel von Guilin.
Die Luft wird wärmer und feuchter. Du siehst das den Bildern an, den zarten Farben, den feinen Tönungen, Bilder, die du gerne selbst aufgenommen hättest: der rotbraune Morast der Reisfelder, von den grauen, behäbigen Wasserbüffeln

gepflügt. Kolonnen von Arbeiterinnen und Arbeitern stehen gebückt im knietiefen Sumpf und stecken die Reissetzlinge in Reih und Glied. Der Zug überquert die rotbraunen Fluten des Chang Jiang, des größten Flusses Chinas.
Am zweiten Morgen erreiche der Zug Guilin in der Provinz Guangxi, der berühmtesten Landschaft Chinas. Eine der seltsamsten Landschaften der Erde. Karstige Kalkfelsen, wie Türme in die sattgrüne Ebene gestellt. Es sei heiß, und durch schauerartige Regengüsse bildeten sich Dünste und Nebel, die in den Felsen hängenblieben.

VALERIE VERSCHLÄFT IHRE TAGE. Ich verschlafe meine Tage. Nein, ich schlafe nicht.
– Schläfst du?
– Ich hab doch gesagt, ich schlafe nicht.
Sie liest nicht. Oder schläft, wenn sie zu lesen versucht, mitten in der Seite ein. Wieder wach, weiß sie nicht mehr, was sie gelesen hat, findet die Stelle im Buch nicht mehr.
– Ach was.
– Aber du fühlst dich wohl?
– Nicht schlecht. Nein, sogar gut. Ruhe will ich haben. Die Gedanken schweifen lassen. Allerlei kommt, nichts Böses, noch nicht einmal Unangenehmes. Nein, das heißt ja, mir gehts gut, ganz gut, so angenehm unter der Steppdecke. Daß die Sonne heut nicht scheint, stört hier nicht. Und das Kind, mein Kind weint jetzt woanders.
Der Streptocarpus läßt die Blätter hängen. Endlich kommt die Mutter, was gibts? Ich freu mich aufs Essen. Rüben? Speck? Später werd ich aufstehn und Blumen gießen. Der Fußboden voll dürrer Blätter sieht nach Spätherbst aus. Knospen am Hibiskus, auch Läuse. Die Astspitzen der

Bougainvillea haben erst ganz kleine, lila Blätter, ihre Scheinblüten, angesetzt, hoffentlich fallen sie nicht, wie so oft, vorzeitig ab. Bald wird das ganze Fenster lila überwachsen sein. Scheinblüten: das tönt, als wäre diese ganze Pracht nicht echt, nur scheinbar schön, so als dürfte nur das, was etwas fruchtet, was zu etwas führt, blühen.
Nur das. Diese Pflanzen im Blick, die Bilder, Wände, Zimmerdecke, Bettdecke, das Fenster hinter den Pflanzen, wenig vom Himmel. In der Zeitung steht Beunruhigendes. (Nein, das nicht genauer beschreiben.) Nachrichten von Krieg, Attentaten, Erfreuliches kommt nie durch. Verstümmelte Leichen im Bildschirm.
Laß das, schlü-üpf u-unter die Deck, mit so angenehm warmen Tüchern zugedeckt, unversehens gefesselt, gekreuzigt, bah, laß das, schlaf.
Steh ich auf, wird mir unweigerlich etwas begegnen. Nach allem, was ich hier liegend erfahre, wird es nichts Erfreuliches sein. Warum sollte grade mir etwas Besseres als allen andern begegnen. Es ist, dem Himmel nach zu schließen, draußen feucht und kalt, jedenfalls wird es kälter als drinnen sein. Ich freue mich, sicher in meinem Zimmer, auf den Sturm, und wenn Regen und Hagel aufs Dach trommeln.
Klaviermusik, die ins Hirn hämmert. Etwas, was sie kennt, aber nicht benennen kann. Romantik, mehr weiß sie nicht. Nichts, was sie liebt, diese Läufe, die in Schnörkeln enden, schmerzhaft klopfen Tropfen ihren Kopf ab. Punkt. Ach ja, Mendelssohn. Stille, angenehm. Jetzt Kammermusik. Muß nicht sein. Doch um sie abzuschalten, müßte sie aufstehen, quer durchs Zimmer gehen.

Der chinesische Musiker, der nur für sich spielt. Die vollkommenste Musik, völlig allein an einem Flußufer oder einem anderen einsamen schönen Ort, das gilt als höchste Vollkommenheit. Jetzt sitzt er an Rotrauts Bett und spielt seiner gelähmten Freundin vor.

– Sein eigener Freund.
– Sein eigener Feind.

– Es genügt, wenn einer in der Familie alles kennt, alles weiß.

Die Familie: Frau Zou habe die Reisenden schon erwartet. Sie habe sich aus der Reihe der Frauen mit den weißen Kopftüchern, die gebückt auf dem Feld arbeiteten, gelöst und sei ihnen auf der von der Hitze aufgerissenen Lehmstraße entgegengekommen. Sie habe die Gäste ins Haus geführt. Von der grellen Sonne geblendet, sei man beinahe über das Motorrad gestolpert, das, so liebevoll poliert wie ein Möbelstück, im Wohnzimmer an der Wand gelehnt habe. Die chinesische Familie.
Oder: Was macht man in China aus der Liebe?
Frau Zou sei, wie viele Frauen aus dem 4000 Einwohner zählenden Dorf Hou Mu Zun in der Provinz Liaoning, mit einem Fabrikarbeiter aus der nahen Stadt verheiratet. Die Dorfmädchen gälten, da allesamt mit Grundbesitz, als besonders gute Partie. Und da die Freitage, je nach Branche, über die ganze Woche verteilt seien, könne sie sich, als Bäuerin, dem Freitag ihres Mannes anpassen und mit ihm zum Einkaufen gehen oder die eigenen Felder bearbeiten. Letzteres ziehe das Ehepaar vor.
Wie werden die Kinder erzogen, wie verhalten sie sich zueinander und wie zu ihren Eltern?
Zum Erinnerungsfoto habe die Großmutter dem Enkel den

Mund abgewischt. Sie habe gelächelt, gewinkt und sich dann, den Dreijährigen im Arm, wieder dem dröhnenden Kriegsgeschehen, dem Zweiten Weltkrieg im Farbfernseher, zugewendet.

– Wenn es keine Familien gäbe, wenn Erwachsene aufhörten, die Kinder ihrer Eltern zu sein, hätten mehr Menschen Gelegenheit, mehr zu erfahren, mehr zu können.
– Schlü-üpf u-unter die Deck! Jetzt sitzt Berta am Bett meiner Kleinen und singt ihr vor.

Zwei Chinesinnen, vielleicht kommen sie auch von anderswo, sitzen am Zugfenster, hinter dem der Walensee, die frischverschneiten Felswände der Churfirsten, dann die des Rheintals vorbeiziehen. Die zierlichen Mädchen mit runden lachenden Gesichtern zwitschern wie Vögel.
– Ich stell mir vor, sagt Valerie, daß ich nicht sehe und nicht weiß, wer spricht: das muß nicht unbedingt eine menschliche Sprache sein.

Tu das, was du kannst, so gut du es kannst, an einem einsamen Ort: die höchste Vollkommenheit.

Zum Beispiel IM GARTEN.
Franz kann nicht arbeiten, weder an den Projekten (zwei größere öffentliche Wettbewerbe gleichzeitig) noch an dem Bild auf der Staffelei.
– Ich verplempere meine Zeit. Schon vormittags geh ich statt ins Atelier zur Bahn, komme zu dir,
– und gehst gradewegs hinaus in den Garten!
– wo ich gestern, das war höchste Zeit, die Hecke geschnitten habe.

Gedanken an den Garten auf besessene Weise. Wo die Ligusterhecke war, will ich weiße Rosen pflanzen, alte Züchtungen: Madame Bardy (1822), reinweiß, grünliche Mitte, stark duftend. Oder York and Lancaster, eine Damascenarose wie Mme. Bardy, die habe 1551 einer, namens Monardes, beschrieben, schreibt der Züchter in seiner Beschreibung: weiß, blaßrosa gestreift, oder ganz rosa. Blaßrosa gestreift ist mir lieber, und stark duftend. Halbgefüllt. Sie blüht zwar nur einmal, dafür reichlich, wär ja ganz schön. Oder Rose de Quatre Saisons, genannt Blanc Mousseux. Da steckt jemand in Paestum oder Pompeji die Nase in dieselben Blüten wie ich, und freut sich an diesem starken Parfum. Die Triebe sind eng besetzt mit Stacheln aller Größen, Blattstiele und Blätter mit kurzen drüsigen Borsten überzogen: 50 Jahre vor Christus setzt sich einer hin und beschreibt oder malt die jungen, leicht eingerollten Blätter mit dem bräunlichen Schimmer.
Das scheint momentan die einzige Phantasie, die mir zur Verfügung steht. Steckenpferd.
– Denk an den Garten eines befreundeten Malers, eine in über zwanzig Jahren zustandegekommene Sammlung von Bäumen, Einheimische und Exoten. Wo einmal eine große Wiese war, steht heute ein zauberhafter, überraschungsreicher botanischer Garten. Hatten nicht zu allen Zeiten die weisesten Männer, Salomo selbst nicht ausgenommen, hatten sie denn etwa nicht ihre STECKENPFERDE, ihre Rennpferde, Münzen und Muscheln, ihre Trommeln und Trompeten, Fiedeln, Döschen, ihre Chinoiserien und Schmetterlinge?
Valeries Garten ist unsymmetrisch und schlecht angelegt, es fehlt die Architektur, die ruhige Schönheit alter Obstgärten. Wie könnte man, natürlich anders als der Freund, etwas

ebenso Schönes anlegen, ohne die alten Obstbäume zu zerstören? Unermüdlich pflanze ich im Geist noch einmal Iris vor die Mauer, dazwischen die Strauchrosen, Malven, Flachs, und überlege, wohin mit den Himbeeren und wohin mit den Brombeeren. Und solange einer sein Steckenpferd friedlich und still auf der Landstraße reitet und weder dich noch mich zwingt, hintaufzusitzen, bitteschön, was schert das dich oder mich?

– Und wenn es nun so wäre, daß es gar nicht in erster Linie darum geht, sich der Hauptsache anzunehmen, ein Bild zu malen, oder was immer man gerade als Hauptsache ansieht, um jeden Preis eine Zeichnung herzustellen, wenn es mich nicht unausweichlich zum Zeichnen drängt, sondern daß es auch ohne weiteres sein könnte, daß scheinbar Nebensächliches wichtiger ist: Tag für Tag gieße ich die Blumen, beobachte, wie sie gedeihen, Knospen, Nebenäste treiben, wie die Knospen sich öffnen oder plötzlich abfallen (woran kann das liegen? Zuviel oder zuwenig gedüngt?). Indem nun die Pflanzen gedeihen, oder was immer sonst, gedeiht unmerklich auch die Arbeit an meinem Bild. Könnte es sein, daß, indem ich dem Wachsen außerhalb zusehe, etwas in mir selber wächst, heimlich Knospen, Nebenäste treibt?

– Weißt du noch, wer du bist?

ZWISCHEN TECHNIK UND NATUR ZU UNTERSCHEIDEN, fällt mir schwer, sagt Valerie: alle die von Menschen terrassierten Landschaften. Wo immer ein Halm noch wachsen kann, wurden die Hänge, und waren sie noch so steil, mit den zusammengetragenen Steinen untermauert, so die Erde

zusammengehalten und in Stufen vor dem Abschwemmen gesichert.
– Denk an die röhrenförmigen Kalkgehäuse der Steinbeißer.
– Und kunstvoll verflochtene oder gemauerte Vogelnester.
– Auch die technischen Errungenschaften, Flugzeuge, Bomben, Raketen, was immer wir entwickelt haben und weiterentwickeln, sind menschliche Produkte, Produkte der Natur, wenn du so willst, sagt Franz.
– Es scheint in unserer Natur zu liegen, unsere Vernichtung selbst zu inszenieren, von den verschiedensten Seiten her anzuzetteln und technisch zu vervollkommnen, sagt Valerie.
– Was wir als Gegensatz zum Natürlichen empfinden, unterliegt selbst Naturgesetzen.
– Und es ging auf ein Rauch aus dem Brunnen wie ein Rauch eines großen Ofens, und es ward verfinstert die Sonne und die Luft von dem Rauch, zitiert Valerie.
– Wie genau treffen die Bilder der Apokalypse nicht nur das, was wir heute befürchten, sondern wahrscheinlich uralte Ängste.
– Auch das ist technisch möglich geworden, sagt Valerie: Daß sie nicht beschädigten das Gras auf Erden noch ein Grünes noch einen Baum, sondern allein die Menschen … Und in den Tagen werden die Menschen den Tod suchen, und nicht finden; werden begehren zu sterben, und der Tod wird vor ihnen fliehen.
– Ob es sich um so verwandlungsfähige Bilder handelt, daß sie über die Jahrtausende vor Gefahren warnen, die den Menschen aus ihrer eigenen Natur drohen? Ob sie das Unvermeidliche prophezeien? … Zu beschädigen die Menschen fünf Monate lang …

– Wozu wir am Ende imstande wären, sagt Valerie: Die bereit waren auf die Stunde und auf den Tag und auf den Monat und auf das Jahr, daß sie töteten den dritten Teil der Menschen.
– Hör auf, sagt Franz. Verwechselst du nicht deinen Untergang mit dem der Welt? Schau doch die Kleine an: so lebendig, so viel Energie. Es wird sich eine ganze Generation wohl nicht die Möglichkeit zu leben nehmen lassen, die wird, und hoffentlich ist auch das programmiert, sich etwas Besseres einfallen lassen.
– Verwechselst du nicht dein Wohlergehen mit dem der Welt?

Um nun wieder zum Vergleich Technik–Natur zurückzukommen: versuche ein Auto, den Strom der chinesischen Radfahrer zu durchschneiden, sehe es aus, als würde ein Schiffsbug einen Schwarm Fische trennen: er teile sich und schwimme geschickt um das Hindernis herum.
– Und nicht nur ein Kind, auch ein Ding, eine Landschaft, ein Baum spricht oder blickt dich an, sagt Franz.
Hatte er denn nicht einmal, mehrmals gesagt, die Empfindung sei für den Maler jenes Moment, das sein Schaffen bestimme? Es dränge ihn, von der Schönheit der Landschaft zu berichten, von der Schönheit des Stückchens Wirklichkeit, das ihn so lebhaft zu rühren vermochte?
– Ist es wirklich der Blick der Dinge auf dich, nicht eher deine Empfindung, dein eigener Blick, in die Dinge projiziert, was auf dich zurückfällt?
Die Menschen blicken vor allem auf das, was sie selber angerichtet haben. Wo sie Hand anlegen, das interessiert sie vor allem andern. Da schneidet einer seine Obstbäume,
– stell dir vor, du wärst dieser Baum: wie fließen die Säfte,

wann beginnt er zu treiben, wo sind die Blütenansätze, wie wird der weitere natürliche Aufbau sich vollziehen, wenn ich diesen Ast hier stutze. Später legst du dich zufrieden unter den Baum und genießt seinen Schatten.

– Es kommt wohl jeweils auf den, der stutzt, auf dessen Schneid an, wieviel der wegnimmt, wieviel der oder die wuchern zu lassen sich getraut. Schließlich biegt man auch Äste waagrecht, damit sie mehr Früchte tragen. (HANDGRIFFE IM NUTZGARTEN.) So wie wir versuchen, andere nach einem uns vorschwebenden Bild zu beeinflussen, zu erziehen, zu verziehen, und in dem Maß, in dem uns das tatsächlich mißlingt, zumindest das Bild, das wir uns von ihnen, unsren Lieben, machen, unserem Idealbild anzugleichen versuchen, auf daß wir es dann liebevoll betrachten können, so sind auch wir das Resultat

– aber das weiß ja ein jeder.

– Fährt man durch die Landschaft, so scheinen alle Bäume natürliche Wesen, so wie man hie und da Menschen trifft, die völlig natürlich, ja überbordend lebendig wirken, als habe man sie, glücklicherweise, wuchern lassen, von nichts als von der Natur bestimmt. Die Bäume sind aber völlig vom Menschen geprägt, was man, wenn man von dieser Arbeit nichts weiß, kaum je zur Kenntnis nimmt. Je prächtiger so ein alter Obstbaum gewachsen ist, und auch bei Weiden, Pappeln, Birken und vielen anderen ist es nicht anders, umso liebevoller, verständnisvoller ist er geschnitten worden und wird er weitergepflegt. Die struppigen Kronen der unzähligen wild verwucherten Bäume, in die kein Sonnenstrahl eindringt, zeigen an, daß sie aufgegeben worden sind.

– Bald werden sie vom Wind gebrochen oder abgeschlagen, zersägt am Boden liegen.

– Abgebrochen nehmen sie alle Kraft zusammen, für eine letzte Blüte vor dem Verdorren.

Reinweiß grünliche Mitte duftend stark überzogen mit kurzen drüsigen Borsten leicht eingerollt stundenlang nächtelang schlaflos: grünliche ausgemergelte Köpfe im reinweißen Bettzeug und so geht das weiter der bräunliche Schimmer in den Augenhöhlen und beruhigend jetzt nebenan eine vertraute Stimme.
Die Freundin, die sie während der Zeit der Bestrahlungen bei sich aufgenommen hat. Eine melodische, temperamentvolle Stimme im Dunkeln. Sie ist so lebendig, hörbar am Leben. Aber eine andere Stimme, die einmal zu ihr gehört, zu der sie gehört hat bis vor wenigen Jahren, die ist nur noch nachzulesen, zum Beispiel in einem der Bücher neben Valeries Bett nachzulesen, sonst verstummt. Was einmal lebendig, die Freundin sagt, viel lebendiger als sie selber war, begraben.
Aber tagsüber herrliches Wetter: das mit den Wolken wandernde Licht, der Kontrast der belichteten und beschatteten Flächen, ein Feriengefühl:
– Heiter bei blauem Himmel, der schönste Herbst seit Jahren!
– Die Euphorie vor dem Tod, sagt ein alter Kollege nach vier Gläsern Wein, wendet sich daraufhin betroffen Valerie zu, legt den Arm um ihre Schulter:
– Entschuldige!

PFEFFERMINZE IM GARTEN GESAMMELT. In einem der Randbeete wächst sie im ausgedörrten Boden und auch verwildert an verschiedenen Stellen im Gras. Für jeden abgeschnittenen Kopf wachsen zwei neue Triebe, oder mehr noch, aus jeder der vielen Achseln wächst ein Paar Köpfe nach. Eine ganze Armladung voll stark duftender Pfefferminze. Das versetzt Valerie in eine andere Zeit, an einen anderen Ort: in einen großen verwilderten Garten. Sie liegt im Schatten eines Nußbaums, möchte ohne ersichtlichen Grund vor Behagen quietschen wie ein kleines Kind und vor unbegreiflicher Freude

und weinen, daß sie jetzt nicht dort und daß sie so nicht mehr ist: Das Gras ist weniger grün, und der Himmel leuchtet nicht, was einmal prächtig geblüht und gestrahlt hatte, blüht wohl noch, aber strahlt nicht mehr. Und daß sie sich aus ihrer qualvollen Lage nicht hinauswinden, kaum einmal mehr das, was ihr bevorsteht, vergessen kann.

– Warum hab ich mich beim Arzt angemeldet? Wollte ich nicht abwarten, mich still halten, mich freuen, solange es gut geht? Mir von meinen eigenen Ängsten und denen des Arztes, womöglich mehrere Ärzte, Hausarzt Gynäkologe Röntgenologe Onkologe, die Zeit zwischen Untersuchung und der Mitteilung der Untersuchungsresultate nicht vermiesen lassen.

– Vierzehn Tage das letzte Mal, das vorletzte Mal drei Wochen.

– Als könnte sich keiner drei Wochen Todesangst vorstellen, auch der empfindsamste Arzt nicht.

– Eher, als müßte grade der Empfindsame die Vorstellung dieses Wartezustands sorgfältig vermeiden und sich so verhalten: nur keine Ungeduld, was morgen noch nicht ist, wird nächste oder übernächste Woche soweit sein.

– Als handle es sich um die Narbe auf einem aufgeschürften Knie.

– Aber was tust du, wenn du krank wirst, bei einer Infektion oder bei ganz gewöhnlichen, von früheren Jahren her bekannten Beschwerden?

– Zuerst müssen Sie zum Röntgen und für alle verschiedenen Tests, wie für das obligatorische Szintigramm, ins Spital, verordnet die Praxisgehilfin.

– Ich bin dann wieder drei Stunden lang radioaktiv.

– Übertreiben Sie nicht!

Widerwillig wird Valerie morgen früh ins Bad steigen, auf den Zug laufen, straßauf-, straßabspazierend die genaue Zeit abwarten, an der so tüchtigen Sprechstundenhilfe vorbeizukommen versuchen.

– Und was wirst du dem Arzt sagen?

– Ja, was? Meine Gesundheit, mein Leben darf ich riskieren, er nicht.

– Er muß tun, was er für notwendig hält.

– Ich muß aber nicht gehorchen.

Ihre Mutter bringt ihr nachmittags die Kleine, gebadet, ordentlich angezogen und frisch gekämmt: als wäre ein entfernt verwandtes Kind auf Besuch. Valeries stürmische Umarmung, aus der heraus das Kind sie beunruhigt ansieht: Was machst du da? Wer gibt dir das Recht, so über mich herzufallen?

Wie wirst du nächstes Jahr aussehen, mein Kind, und wie mit sechs, mit zwölf, wie wirst du sein mit zwanzig Jahren?

EIN FLUSS, so breit, daß man ihn für einen See halten könnte, zugefroren und verschneit, in Valeries Traum. Franz versucht, ihn zu überqueren, und bemerkt dabei, daß das Eis in unzählige, verschieden große Schollen zerbrochen ist. Tänzerisch springt er von einem Stück zum anderen, lacht, ein Spiel, ein aufregendes Spiel ist das, jetzt, schon weit entfernt vom Ufer, kippen die Schollen an, ständig droht Gefahr abzurutschen: Er könnte auf eine Bruchstelle treten, eine Nahtstelle, die vom Schnee verdeckt ist, und, vom Schock gelähmt, im Eiswasser untergehen.

– Mehr links, Vorsicht, einen Schritt jetzt zurück, halt! ruft ein Freund vom Ufer her, redet und ruft ununterbrochen, teilt wohlmeinend Ratschläge aus, kommentiert, was Franz tut, unmöglich sich zu konzentrieren. Er hört nicht auf, sich einzumischen, Franz aufzuregen, und aufgeregt ist er jetzt in höchstem Grade, ein Unfall ist unvermeidlich.

Und nun geht auch Valerie aufs Eis.

– Warum tust du das?

– Es hält besser, als ich erwartet hatte. Das Eis ist großflächiger, weniger zerklüftet als zuvor, nur merkt sie, daß sie immer stärker abgetrieben wird. Die zunehmende, bald reißende Strömung zieht die Eisschollen und sie darauf weit weg vom Ausgangspunkt, entfernt sie immer weiter von Franz und dem Freund, die jetzt am Ufer stehen. Es sieht so aus, als würden sie ihr Zeichen machen, was rufen sie? Oder schauen sie gar nicht in Valeries, eher in die entgegengesetzte Richtung?

Immer mehr Bergzacken tauchen während der Fahrt wie Kulissen aus dem nebligen Dunst auf, jede Biegung des Flusses überrascht durch neue Formen und Figuren. Große, lottrige Wohnboote und kleine Fischerboote aus zusammengefügten Stämmen treiben zwischen den übriggebliebenen Eisschollen den Ufern entlang. Als sie beim Steilhang am Fuß des durchlöcherten Berges ankommt (sie hatten doch diesen Berg gemeinsam besteigen wollen, oder war das der Halbmondhügel? Wolkenfetzen ziehen vor-

über, und die Gipfel sind meist außer Sicht), ist es für alles zu spät, Verständigung unmöglich. Das ganze Unternehmen ist sinnlos geworden, und Valerie bleibt mit einem Gefühl von Enttäuschung, auch von Lächerlichkeit zurück.
– Wozu das alles?

Das Kind auf dem Bild: Völlig allein, mit einem Fuß in der Plastiksandale steht es im Wasser und mit dem anderen versucht es, ein langes, aus dicken Stämmen zusammengebundenes Floß am Wegschwimmen zu hindern. Kahlgeschoren, wie ein Seiltänzer einen langen Bambusstecken vor sich haltend, steht das Kind da. Es lacht nicht, lächelt nicht einmal, es scheint zu frieren und es schaut dich blinzelnd ganz genau an, schaut jeden Betrachter fragend an.

Völlig allein an einem Flußufer oder an einem anderen einsamen Ort,
– und jetzt solltest du spielen, das heißt Musizieren, Zeichnen oder Schreiben.
Höchste Vollkommenheit: woran ich, wenn ich wirklich etwas Derartiges tun möchte, gar nicht denken darf, denkt Valerie.
Ohne diese Vollkommenheit als Ziel, denkt Franz, wäre mir eine ganz gute, große Arbeit kaum möglich.

8

Sie sind sich selbst Feind genug, fallen übereinander her.

– Immer überlegen, immer ganz genau so oder so und so. Präzise Beweise, daß ich im Unrecht, blöd bin, du sagst, in meinen boshaften Phantasien willst du dich nicht wiedererkennen. Was nicht phantasiert, sondern resümiert ist, alles Erfahrung.

– Fangen wir endlich etwas anderes an! Los jetzt, es ist spät geworden, und meine Zeit geht zuende.

– Du meinst die Zeit, die ich bei dir bin?

– wird weniger und kürzer.

– Warum rennen wir uns die Köpfe ein, warum diese schlechten Gefühle? Die kommen vom üppigen Nachtmahl. Warum der überflüssige Streit?

– Ich habe keine Lust, weiter so mit mir umspringen zu lassen. Ja, fahr ruhig nach Florenz zu deinen leichtlebigen Kumpanen mit ihren so schönen Weibsbildern!

– Es ist doch wahr, daß die Freiheit eines Individuums durch die Freiheit aller begrenzt wird.

– Mir falsche Zitate an den Kopf zu schmeißen: als wären wir nicht nur unter in gleicher Weise freien Menschen wirklich frei.

– Bitte nicht in diesem Ton.

– Zum wievielten Mal wieder wälzst du etwas, was bös sein muß, nach allem, was beim Reden rauskommt, und hat mit mir doch nichts zu tun. Nein, ich hab keine Migräne, und das ist nicht der Alkohol. (Die Lust der Zerstörung, die ich erschreckt immer wieder abzuwehren versuche, obwohl ich weiß, daß gerade dieses Abwehren Streit gibt. Sollte ich ihn in die Arme nehmen?)

– Ach Gott, uns selbst genug, haben wir keine Feinde, wovon redest du denn?
– Laß ichs auf mir sitzen, so klebts fest an mir, als wär ich einverstanden. Weg gehst du sowieso. Dann sitz ich da mit dem Gefühl, etwas, nein, alles falsch gemacht, verquer angezettelt zu haben.
– Wenn ich nur wüßte, wovon das, was du da sagst, handelt.
– Unrecht, mir in die Schuh geschoben, dir von mir zuleid getan, dabei weiß ich noch nicht einmal
– es gibt Schöneres und Besseres, du mußt nur die Lust dazu
– warum sollte grade mir etwas Besseres als allen anderen passieren. Auf und davon, und die Enge dieser Wände und die Enge dieser Straße, die mit Autolärm und Gestank eindringt, verlassen, hinter mir lassen, und allem Bedrückenden der letzten Zeit entrinnen, allen Befürchtungen, die sich hier bewahrheiten, die sich bös übertroffen haben, einem Ort entrinnen, wo so viel unerwartet Schlimmes eingetroffen ist.
– Als ob Streit, Resignation, Krankheit und Verzweiflung nur an diesem einen Ort zuhause wären, als ob in einer neuen Stadt, so wie man andere Bewohner antrifft, auch andere Ereignisse eintreffen würden.
– Weißt du noch, wer du bist?
– Partei ergreifen, lustvoll eingreifen,
– ich finde nicht gut, was wir da tun.
– Gar nicht gut.
– Kann aber nicht anders, ich kann es jetzt nicht, noch nicht anders.
– Die Lust der Zerstörung: Rufmord?
– Ja. Wie viele Söhne von Mördern unversehens zu Rufmördern werden.

– Du meinst doch nicht etwa mich?
– Ich dachte grade an einen andern. Da ist einem die Frau weggelaufen, er säuft, aber sonst merkt man nichts von seinem Kummer, und weiß nicht, warum er andere wann immer möglich vernichtet, wenn möglich Frauen, warum der Besoffene vor allem unabhängige Frauen zerstören muß.
– Und was ist aus den Töchtern der Mörder geworden?

VORLÄUFIG: So steht es aufgeschrieben da ihr vor Augen, und nicht nur das, so steht es in ihrem Sinn, was vorgelaufen oder vorgefallen ist, ganz in Valeries Sinn vorläufig, wo es ihr soweit gut geht, sie noch gesund ist (ein halbes Jahr vor der Diagnose), wirklich, sie fühlt sich, nirgends Schmerzen, gesund, und was den Geist, die Gefühle betrifft: Erinnerung, auch sowas wie Kummer ist im Moment nur noch Erinnerung, soll es auch bleiben, nein, das alles kommt nicht wieder hoch, keine lebendigen Gefühle, keine lebendige Erinnerung, alles ist diffus und soll so erträglich bleiben, diffus wie ihr Zustand: die Benommenheit, leichtes Staunen, der vernebelte Kopf: wie nach einem Brand, schwarz und stinkend, im leeren Zimmer hängt noch Rauch, bevor er sich langsam in die Ritzen verzieht, in alle möglichen Hirnwindungen und Zwischenräume ihres Schädels, nicht allzu störend, nur noch leichthin da, er hindert sie nicht einmal mehr beim Notieren, wenn das auch nicht das ist, wieder mal nicht das, was sie tun sollte: und hier liegt einer der Hasen im Pfeffer. Nach tagelangem Sinnieren, auf närrische Art foppen sie Gedanken, tauchen auf, um zu fliehen, und nebenher, nicht allzu ernst zu nehmen, kommt der Plan, vorläufig weiterzuleben. Was heißt Plan, planlos weiterleben ist alles, was jetzt möglich ist.
– Weiterwursteln.

– Warum so negativ? sagt Franz.
– Hätte ich dir in einer ähnlichen Verfassung das gleiche gesagt, sagt Valerie, du hättest mich geprügelt: warum so negativ, zum Lachen!
Plötzlich, wie angeschossen, Verzweiflung, so stark, daß sie nicht einmal mehr mitzuteilen war, wem auch immer, am wenigsten Franz, aber was wäre das für eine Verzweiflung, die, während sie andauert, auch schon zu beschreiben ist. (Mir gabs ein Gott wohl nicht! Oder er gab es in diesem Moment auf andere Weise:) Wie schon einmal, aber damals wurde es der Anfang einer neuen und fesselnden Arbeit. Mitten im Erzählen eines Zustandes stand sie auf und wußte: jetzt, oder aber es kommt nie mehr dazu. Und was sie hatte beschreiben wollen, eine Vorstellung, etwas fast Unsagbares, führte sie aus, atemlos, pausenlos über längere Zeit, bis es als Bild anzusehen, anzufassen dahing.

Im Vorbeigehen unerwartet gespiegelt in einem Schaufenster, keine Zeit zum Posieren oder Gesichter zu schneiden, keine Zeit, auf das dahinter Ausgestellte zu schauen, sieht sie DIE HEXE plötzlich in diesem Spiegel, der doch gerade noch etwas anderes gezeigt hat, wann? Vorhin? Gestern nicht mehr, vielleicht letztes Jahr. Und von einer Stunde auf die nächste ist sie eine andere. Nicht. Doch. Nimmt die kleinen Verschlimmerungen lieber nicht wahr, die den Abbau vorführen, wenn sie richtig hinschauen, sehen könnte: eine Rille, Schatten, ein kaum merklicher Riß von der Lippe abwärts und schräg vom Kinn weg.
– Es gibt alte Bilder, eins im Museum in Innsbruck, wenn ich mich richtig erinnere

– Wie soll meine Seele intakt bleiben. Wenn ich mich wirklich so sehe, mit allen Anzeichen der Krankheit,
– beschreib die doch mal!
– ob es dann trotzdem gelingt, mich als mich selber, die ich einmal war, die weiter in mir ist, zu sehn: das Gesicht, zum Heulen, was mir dran alles nicht gefällt, der kaputte Körper und ein Kopf, ein Hirn, unbeholfen und unzuverlässig, bald einmal gar nicht mehr zu gebrauchen, das bin ich.
Wo sind sie denn, die besseren Zeiten, die sie in sich aufgehoben hat, wie sie ihr besseres Aussehen jetzt unwillkürlich vor ihr Spiegelbild schiebt, sich in einem früheren Stadium wiedererkennt, nur ausnahmsweise imstande ist, genau zu sehen, wer ihr gegenüber steht, was ihr da seitenverkehrt vorgespiegelt wird.
Licht aus, das kommt von der Hunderterlampe.
– Wo ist ein Buch, irgendeins, lesend könnt ich alles oder vieles vergessen. Wenn ich jetzt vergessen und lesen könnte.
– Es gibt alte Bilder, auf denen ein schönes Kind, ein faltenloses hübsches halbes Gesicht, Hals rund und eine junge runde Brust auf der einen Seite und ein halber Totenkopf, Wirbel, Schlüsselbein, Schultergelenk und Rippen auf der anderen, meist der rechten Seite, übergangslos nebeneinandergemalt sind.
Faß dich doch kurz, Alte, sagt sie sich, gib zu, daß du dich, zumindest in diesem Zustand, nicht ansehen, dieses Aussehen nicht erkennen, nicht anerkennen magst. Und ich mag es nicht, von irgendjemand so gesehen zu werden, noch weniger, wenn Franz zeichnend über mich herfällt, um mich so erschöpft, widerwärtig fad, faul, so faulend darzustellen. Die Freiheit eines Individuums durch die Freiheit aller begrenzt. Schauderhafte Bilder.

– Weg mit dem Kopf! Weg mit meinem Kopf, weg mit all seinen ausgemergelten grünlila Köpfen! Wenn ich die sehe, was oft nicht zu vermeiden ist, zerfall ich noch schneller, endgültig. Jemand sagt:
– Du siehst blendend aus,
gleich geht es besser. Aber dann fährt der Schreck in den anderen Augen mörderisch ein, mein Zustand, vom anderen zurückgespiegelt, beschleunigt auf fatale Weise meinen Niedergang.
– Möchtest du jemanden töten? Nichts ist leichter.
– Ich weiß.
– Rufmord?
– Nein, diesmal und hier nicht.

Dieser Widerwille. Endlich nicht mehr sein. Nein, nicht endlich. Aber warum tust du es dann nicht? Kannst du jetzt nicht hinaufgehen und dich an den nächsten Nagel hängen? Alles im Eimer alles umsonst. Der Tod umsonst. Jedenfalls das Leben.
– Von Morgen an beginnt ein neues Leben, hatte sie Franz gestern abend gesagt.
– Daß ich nicht lache.
Spielerisch, fast amüsant ging alles vor sich: Ein schönes neues Leben, in dem du dir einen Strick suchst, einen Haken suchst, dir selber dabei zusiehst und überlegst, wie weit du es diesmal bringst, ob du endlich wirklich die Courage aufbringst – ob du, indem du dies nun fast lächelnd tust, über dich selber lachend, dich also schon auslachst: Das kannst du ja gar nicht, das spielst du nur, dich auch frägst, ob du nicht, indem du es tust, dich spielerisch überwindest und dabei an die Erzählung einer alten Bootsvermieterin denkst:

an die Geschichte von einem, der es nur hatte ausprobieren wollen, wahrscheinlich nicht ernstlich im Sinn hatte, es auszuführen, und sich dann eben doch, experimenthalber, wie die Alte sagte, spasseshalber mit einem Strohhalm, sagte sie, mit den zusammengedrehten Halmen, wie man sie zum Aufbinden der Weinreben gebraucht, am Stiegengeländer erhängt hat. Oder hat er gedacht: Gottesurteil, sagte sie. Sicher kein Gottesurteil, daß Franz heraufkam und Valerie gerade mit dem Strick, mit ein paar notdürftig eilig zusammengedrehten Schnüren in der Hand erwischte. Der Kampf dann, ihr Gefühl von Demütigung und ihr Haß. Und während sie sich, weil es ihr nicht gelang, Franz aus dem Zimmer oder auch nur aus ihrem Blickfeld zu bringen, die Ohren zuhielt und die Augen schloß, um für sich und allein zu sein:

Wie die Umgebung zu kreisen anfängt, alles chaotisch sich bewegt, um dich und in dir, Innen und Außen macht keinen Unterschied mehr, sofern es Außen überhaupt gibt, da du taub und blind nichts wahrnehmen kannst, ein unberechenbar ruckend auf- und abschaukelndes, rasend drehendes Ringelspiel, endlich eine wie gehemmte, zur Zeitlupe verlangsamte Explosion, bei der du selber in Stücke gehst, mit Stücken deines Universums durch die Luft geschleudert wirst, und das während einer Zeit, deren Dauer auch nicht annähernd abzuschätzen ist, lang genug zur Verwunderung, fast ein Selbstgespräch, was bedeutet das, was, wo du dich gar nicht erhängt hast, geschieht hier mit dir ganz unerwartet?

Franz versucht, Valeries Hände von ihren Ohren zu reißen und ihr den Telefonhörer aufzuzwingen, wie man einem unwilligen Kind einen vollen Löffel einflößt:

– Dein Arzt will mit dir reden!

Was sie jetzt noch nicht kann. Und wozu Valerie gar keine Lust hat.

Da sitzt Franz wieder neben meinem Bett. Vor der Unbedingtheit meines Zustands.
– Ja, schau mich an, sagt Valerie. Das Wesen des Dargestellten in seiner Unbedingtheit wachzurufen. Ich seh dich die, die jetzt da im Bett liegt, beobachten. Vollständig und packend, auf dem Papier, wachrufen. Aber mit deinen eigenen Merkmalen. Ein Werk individueller Beobachtung.

Immer wieder geht Valerie durch den Garten und schneidet das Verblühte ab, damit die Pflanzen statt Samen Knospen ansetzen und möglichst lang den ganzen Herbst bis zum Frost blühen. Was macht sie mit dem Halbverblühten? Weg damit. Morgen wird es welk und häßlich sein. Und ist doch noch für einige Stunden schön und lebendig.

Immer schneller wird sie müde, setzt sich hin, legt sich hin.
Wie das Kind mich oft fragend anschaut, ruhiger wird.
Die Unbedingtheit meines Hinsiechens. Wachgerufen in den Skizzen von heute. Vollständig und packend. Irgendwann einmal von irgendeiner, irgendeinem nachzuvollziehen.
– So war es einmal, das gibts nicht mehr, sagt Franz, Hodlers Zeit ist vorbei: Es warten fünfundvierzig Maler auf mein Atelier, täglich werden neue Bilder gemalt, und bald einmal wird es keinen Platz für meine Bilder mehr geben.

An ihren Wänden hängen seine Bilder. In Valeries Wohnung gibt es nur Bilder von Franz. Abends zündet ihre Mutter das Kaminfeuer an, und wie Valerie davorsitzt, unter VALERIE MIT KIND, die Mutter strickt, hie und da ein kurzer Satz, sie schauen beide in die Flammen: jetzt sitzt auch Franz mit dem Kind und mit Berta vor dem Kaminfeuer. Dann, wann? Stunden später kommt sowas wie Eifersucht auf, und gleich die Kritik dieser Eifersucht, als etwas, das Valerie sich verbietet.
– Aber wie kann man sich das verbieten?
Es ist doch dein Kind, sagt die Mutter.
– Und Franz? sagt Valerie, hatten wir es denn nicht so vereinbart?
Als es Valerie so schlecht ging, daß sie Momente wie diesen sich gar nicht mehr vorstellen konnte, hatte Franz vorgeschlagen, das Kind zu sich zu nehmen. Berta war damit einverstanden. Und Valerie auch:
– Was bleibt mir sonst übrig?

Wach seit Stunden und zu traurig, um aufzustehen.

Valerie und Franz sitzen mit einigen Kollegen an einem langen, weißgedeckten Tisch im Freien: Wein und Umarmungen, Lachen und heftige Gespräche und Tränen.
– Ein Sommernachtsfest, ein Künstlerfest?
– Nein, Tan Xi Rung kocht für uns ein Abschiedsessen.
– Hast du dich wieder mal nach China geträumt?
– Fisch, stellt Tan Xi Rung fest, muß bei dieser Hitze unbedingt noch lebend in die Küche getragen werden.
Er bereitet aus diesem hurtig getöteten Fisch, zusammen mit Lauch, die Füllung für Ravioli:

– Die Spezialität unsrer Nordprovinzen.
Dazu serviert seine Frau, immerzu lächelnd, Knoblauchsauce. Dann bringt sie Schüsseln mit frischen Krebsen, die Tan Xi Rung am Morgen aus dem Meer geholt hat. Alle Chinesen am Tisch knacken die Scheren mühelos mit den Zähnen. Zwischen den Gängen wird geraucht.
– Das Gespräch gehört zum Essen wie der nächste Gang: Hühner mit Ingwersauce.
Vorsorglich liegen für die Gäste fünf verschiedene Sorten Zigaretten bereit.
Franz bricht früher als die andern auf.
Valerie hatte Mühe mit den Krebsen, ist eher abwesend dagesessen, sie will zuhause noch etwas tun und geht. Und wie sie sieht, daß Franz fort ist, ruft sie ihn, zu spät. Er ist schon weit entfernt, auf einem schmalen und steilen Weg fährt er gefährlich balancierend mit dem Rad, kehrt sich auf ihren Ruf hin nach ihr um und stürzt, so daß die einzelnen Teile seines schäbig zusammengebastelten Vehikels auseinanderstieben und fortrollen. Von fern sieht sie, wie Franz ein Eisen aufnimmt, wahrscheinlich die Lenkstange, und beobachtet entsetzt, wie er auf einen Mann losknüppelt, der dunkel und alt wirkt, vorgeneigt, mit großem schwarzen Hut war der eben aus einem niedrigen Gebäude am Wegrand getreten, und jetzt sackt er unter den brutalen Schlägen zwischen den Radresten zusammen. Einen Hilflosen derart zu überfallen! Aber vielleicht hat er Franz ein Bein gestellt, denkt sie entschuldigend, oder ihn sonstwie zu Sturz gebracht, und sie weiß dabei, daß diese Wut eigentlich ihr, Valerie, galt.
Eilt hin und, als wollte sie ihn beschwichtigen, hilft sie Franz noch seine Sachen zusammensuchen, eine flachgedrückte Kartonschachtel, in die sie beide sorgsam ein zer-

tretenes Stück blauer Farbe vom Boden klauben, und die verstreuten Pinsel, die in eine lange Rolle kommen.
– Was bleibt mir sonst übrig?
Doch da rappelt sich der Mann wieder auf, ist unversehrt und auch nicht alt, sondern ein kräftiger, mittelgroßer Typ mittleren Alters mit einem breiten Kopf, einem gewöhnlichen Alltagsanzug. Er kommt, sagt Valerie, auf uns zu, du greifst zur Pistole,
– Wie komm ich zu einer Pistole?
ich schwinge die Papierrolle wie eine Keule, aber der Kerl wehrt uns mit einer Bewegung ab, autoritär, drohend, jetzt ohne Hut ist sein rundovaler Schädel weiß, verklebt mit einer Mullbinde, einer alles, auch das Gesicht bedeckenden, Stirn, Nase, Augen, Mund, Wangen und Kinn nivellierenden Gazeschicht, da steht er ganz nah, äußerst bedrohlich uns gegenüber, auch ein Stück weit zwischen uns
– Weg mit dem Kopf!
– Glaub das nicht.
– Bin ich mir selber nicht Feind genug, muß ich mir wirklich noch einen träumen?
– Vielleicht war er gar nicht dein Feind, überlegt Franz: nur meiner.

DER MALER. Valerie steht am Fenster und schaut zu, wie Franz im Garten arbeitet. Je besser es mir geht, je hoffnungsvoller ich mich gebe, umso ermutigender ist er und besserer Laune.
Erinnert mich wieder, bleib ruhig und sprich nicht alles aus, hab doch ein Einsehen mit deinem Arzt. Meine Ängste, alle ausgesprochenen Befürchtungen vertreiben ihn nur, bedrücken auch Franz, und dann flieht er zu seinen Bäumen.

Oder er sitzt da, schweigend. Oder er beginnt zu zeichnen, nervös,
– das will nicht. Nein. Nicht so wie ich will. Gehts nicht. Alles daneben. Kannst du nicht doch einmal paar Minuten lang. So. Ja. Nein. Ruhig. Herrgott, hierher hast du vorhin geschaut. Stimmt jetzt fast. Noch mehr nach links.
Fieberhaft zeichnet er ab, was er beim Hereinkommen mit einem ersten Blick aufgenommen hat, zeichnet es aus seinem Kopf heraus, übersetzt seine Angst aufs Papier, raus aus ihm, dieses Dahinsiechen, ihre sichtbare Todesangst raus aus dem Gehirn, wo alles zerstörerisch weiterwirkt, langsam tötet, solange es nicht irgendwie gebannt, sichtbar gemacht und damit kontrollierbar wird.
Ich hab so noch allemal überlebt, ich atme noch, zeichne noch, zeichne mein Grauen, meine Todesangst auf, nein, das ist es noch nicht einmal, ich komme Angst und Grauen zuvor: zeichnend fürchte ich nichts, nichts außer meinem Unvermögen, das, was meine Augen wahrnehmen, aufs Papier zu bringen.
Wie seine Augen, ein Leben lang geschult, seine Hand, ein Leben lang geübt, ihn nicht im Stich lassen würden, das hofft er, das hoffe ich, so weiß er, daß Zeichnen und Malen seine Waffen, die bewährtesten Mittel sind, um sich von dem, was jetzt so nah, unter seinen genau registrierenden Blicken vor sich geht, abzusetzen. Indem ich das Leiden aufzeichne, das Sterben darstelle, distanziere ich mich: ganz deutlich lebe ich ja: ich bemühe mich, ich arbeite verzweifelt an etwas, das gar nicht leicht ist, und ich freue mich an allem, was mir gelingt. So konzentriert arbeiten, bedeutet ihm konzentriert leben, es ist nicht er, es ist die andere, die stirbt, wie so viele vor ihr, die er hatte sterben sehn. Ich habe immer wieder überlebt, habe mich als stärker, als wider-

standsfähig erwiesen, und werde weiter überleben, und es wird immer gestorben, jede Minute, jede Sekunde stirbt einer, ich lebe. Und während er versucht, ihre Gestalt, diesen dunklen Kopf in den Kissen, ihr hageres Profil abzuzeichnen, ganz genau, ist es ihm gar nicht möglich, an irgendetwas anderes zu denken als an das, was er jetzt gerade tut: die Stimmigkeit, Lebendigkeit dieses einen Strichs.
Was ein Betrachter, was man sich später nicht vorstellen kann und was man sich auch nicht vorstellen muß: die Freude an jedem gelungenen Zug, Freude am grausamsten Abbild, sobald es richtig, dem Eindruck entsprechend gelungen ist, diese sein Können bestätigende Zufriedenheit.
Mit einem Rosenbouquet ist er zu Valerie gekommen, mit einem dicken Bündel Zeichnungen verläßt er sie, datieren und signieren wird er erst zuhause.

Was aber werde ich tun, angesichts einer unerträglichen Situation, wenn ich nicht mehr notieren kann, wenn es mir unmöglich sein wird, sie darzustellen?

Valerie erfährt an einem Tag, nein, IN EINER VIERTELSTUNDE, zu viel, um alles genau zu behalten. Der Oberarzt, der sie einmal beim Schreiben ertappte, und sie hatte doch nur das Inventar des Untersuchungszimmers notiert, um sich die Wartezeit zu vertreiben, hatte recht mit seinem Hinweis:
– Wie nannte er es? den Reichtum der nun auf mich zukommenden Erfahrungen. Er tönte so wohlgemut, als wolle er mir zu dieser Chance gratulieren.
– Vom Bestrahlen spüren Sie nichts, gar nichts, sagt er, und die Nebenerscheinungen, die sind nur Einbildung.

Da versucht der eine, ein Gespür für den Körper zu entwikkeln, betont, wie wichtig es ist, auch feinere Regungen zur Kenntnis zu nehmen, und der nächste verbietet dir jegliches Körpergefühl.

– Schauen Sie hier, dieses Kind hat keine Vorurteile und hat drum auch weder Schmerzen noch Angst:

Unter dem riesigen Gammatron liegt ein kleiner, blasser Junge. Das beleuchtete Viereck über seiner Schläfe wird von einer Assistentin maschinell und präzis eingestellt.

Ich erfahre zu viel. Bereits im Gang: die Patienten in den Betten. Mit einem Blick sind da die weiter fortgeschrittenen Stadien, die letzten Stationen zu erfassen. Es ist schwierig, an den Betten vorbeizukommen, ich ertappe mich dabei, wie ich einen Patienten, der mich aus dem Bettzeug heraus dunkel ansieht, nickend grüße, aber andere zu übersehen versuche.

Dann ihr »Vorgänger« beim Cobalt, der im Wartezimmer sitzt, was bedeutet, daß Valerie noch länger warten muß. Er beschreibt ihr eine komplizierte Prozedur, er würde die Röntgenaufnahmen seines Kopfes gerne sehn, bezweifelt aber, aus dem Resultat klug zu werden. Wer versteht denn etwas von dem, was hier mit einem geschieht. Ein Helm über den Kopf und wer weiß wie viele Bewegungen, er fährt sich mit der Hand mehrmals in parallelen Linien quer zum Scheitel über den Kopf, unzählige Aufnahmen übereinanderprojizert, oder ein Film? Seine Thoraxaufnahmen hat er zu lesen gelernt, er habe sie jeweils im Lift zwischen den Stationen aus dem Kuvert gezogen und studiert. Sein Haar ist schütter, das bemerkt sie jetzt zum ersten Mal, und sie begegnen sich seit vier Wochen fast täglich, vom Nacken her steigen kahle Stellen auf, wie sie es bei mehreren, oft jungen Patienten schon gesehen hat. Die Chemotherapie laufe nebenher, und er vertrage sie jetzt einigermaßen, er fühle sich überhaupt nach einem halben Jahr intensiver Behandlung mehr oder weniger wieder in Ordnung, und er arbeite voll, von acht bis fünf, und nehme nur die Zeit frei, die es braucht, um ins Spital zu fahren. Valerie möchte ihn fragen, was er arbeitet, wie weit ihn seine Arbeit freut, da wird sie aufgerufen, ob er sich in seinem Zustand nicht etwas Schöneres als Arbeit wünschen könnte

das frag ich nur mich selbst, während ich hinüber zum Bestrahlen gehe, mitten im Gespräch unterbrochen wie meist, so daß ich von den Mitpatienten, von den wenigen, die reden, nur wenig weiß, meist nur ein kleines Stück, Mitte oder Ende oder Anfang einer Geschichte kenne. Wie ein unvollständiges Puzzle setzen sich über die Wochen die Stücke zu einem Schicksal, oder der Ahnung davon, zusammen.

9

An einem FREITAG, DEM DREIZEHNTEN, gegen Morgen, am Tag der letzten Untersuchung, und morgen soll die letzte Bestrahlung und endlich alles hinter ihr sein, erscheinen im Traum zwei fremde, ihr sehr unsympathische Männer ungebeten, unerwartet in ihrer Wohnung, einem hohen, etwas ungemütlichen Zimmer. Als wollten sie mit Valerie verhandeln, etwas, das Haus, ihre Wohnung Betreffendes besprechen, vielleicht über die Miete reden. Nein, sie wollen ihr um jeden Preis die Wohnung abhandeln, die Gangster, und bleiben hartnäckig bei der Sache, obwohl sie nicht will. Und auch gegen ihren Willen, obwohl Valerie heftig protestiert, dringen sie ins Nebenzimmer vor und installieren Apparate, hantieren an sämtlichen Schaltern, als wären sie hier Herr im Haus, manipulieren sie sämtliche Stecker und montieren etwas ihr Fremdes an die elektrischen Leitungen.
Aber da kommt gottlob Franz, und hinter ihm sieht sie noch einen, nein sogar mehrere Freunde. Sie schauen nur zur Tür herein, sie treten noch nicht ein, wie Valerie hofft, allein gegen die Übermacht sehnlichst auf Hilfe hofft, die jetzt in Sicht, ja ganz nah ist. Doch Franz, der Unannehmlichkeiten ahnt, und mit Unangenehmem kann er schlecht umgehn, Probleme, Streit hat er seit je zu vermeiden versucht, wendet sich wieder um. Und während sie gar nichts sagt, ihm die akute Gefahr, die Explosionsgefahr nicht mitteilen kann, so sehr sie es auch versucht, nicht einmal schreien kann sie, es verschlägt ihr vor Schreck jeden Ton, verschwindet Franz.

DREI TAGE SPÄTER sitzt Valerie in einem anderen Warteraum. Und denkt: wie verbraucht, wie aufgeweicht ich bin. Überlegt: wie ich mich doch noch vehement und erfolgreich gegen eine Amputation hatte wehren können, daß ich mich aber jetzt gegen dieses ohne Mammographie schnell, unvorbereitet gefällte Urteil kaum mehr wehre. Der Chefarzt hat wenig Zeit, also gibt es keine genauere Auskunft, mir verschlägts, und offensichtlich auch dem Assistenzarzt, die Sprache, daß ich mich gegen weitere Bestrahlung nicht mehr auflehne. Jetzt nur ganz schwach, indem ich Fragen stelle. Nein, sagt der Assistent, ich liege bereits unter dem Linearbeschleuniger, oder wie immer dieses Trumm heißt, die Zusatzbehandlung, Aufsättigung der Narbe, die sei schon von Anfang an vorgesehen gewesen, er habe nur versäumt, mir das mitzuteilen.

Der LINAC-Warteraum ist fensterlos, ein Quergang, wieder eine unbequeme Holzbank, von der aus Valerie auf drei Urwaldaquarelle schaut. Je weniger Aussicht, je mehr künstliche Beleuchtung die Räume brauchen, umso exotischer sind die Bilder an den Wänden und die üppigen Blattpflanzen, die eine besondere Fähigkeit entwickelt haben, unter Spots zu gedeihen.

Kabinentüren 1 und 2, schwarze Tafeln, Nr. 269, Schalterraum, und Nr. 269a, Maschinenraum. Und zwischen den grünen Türen das kleine Aquarell, eine Berg- und Seelandschaft. Ihr Banknachbar fängt heute an, er sitze seit fast drei Stunden hier. Zwei anderen Patienten ist das Feld, das bestrahlt wird, mit dicken Filzstiftstrichen unters Ohr und über einen Teil der Backe gezeichnet, die entzündeten Flächen sind weiß überpudert. Die Assistentin öffnet die Schalterraumtür: Wie ist Ihr Name? Im Schalterraum sind elektronische Apparate zu sehen, Videoübertragung aus dem

Bestrahlungsraum, die Assistentin, den Blick auf die projizierten Daten eines Patienten, drückt auf Knöpfe, neben ihr wird ein beschriebenes Blatt langsam von einer Maschine gefressen.
Der Oberarzt und sein Assistent gehen im Gleichschritt schnell, schnell nickend, vorbei.
Der Raum ist von einem Geräusch ausgefüllt. Schwer zu sagen, ob dieses Summen, das mehrere Quellen zu haben scheint, genau meinen, verschiedenen Quellen entspringenden und sich vielfach überlagernden Gefühlen entspricht und so meinen Zustand darstellt, oder ob dieses meist unmerkbar in mich eindringende Geräusch meine meist diffusen Gefühle verursacht und, zumindest teilweise, für meinen Zustand verantwortlich ist.
Das strahlende Oktoberwetter draußen, das Valerie auf dem Weg hierher und auf dem Weg zurück genießt, anders als die beiden Hospitalisierten. Trainingsanzug und Pantoffeln weisen sie als Insassen aus. Mit ihren ins Gesicht gezeichneten Markierungen wirken sie bedrückt, und ihr ist wieder mal, mitten in der hoffnungsvollen Gutwetterlaune, zum Weinen.

Gerade beordert eine junge Ärztin, in ihrem slawisch tönenden Deutsch, in der Kabine 2 einen in Spitalpflege. Er habe den Koffer nicht, er habe gar nichts bei sich. Er will nicht, oder dann erst am Montag, muß aber schon morgen eintreten. Die Ärztin vergißt, die Kabinentür zu schließen. Ein älterer, sichtlich verwirrter Mann beendet seine Garderobe sehr umständlich vor unseren Augen. Er pudert seine bestrahlte Wange und den Hals:
– Aber das sollten Sie doch erst zuhause tun, Sie machen sich ja ganz weiß! Am Ende vergißt er die blaue Puderdose,

Azulenpuder ist unser wichtigstes Requisit, das ich ihm dann aus der Kabine nachreiche, und die Assistentinnen, die in Zeitnot sind, schütteln, ungeduldig über so viel unartikulierten passiven Widerstand, die Köpfe.
Wie wenig Widerstand es hier gibt. Vertrauensvoll oder ergeben folgt man.
– Vertrauensvoll?
Wieder die altbekannte Situation: man weiß selber so gar nicht Bescheid und übergibt sein Schicksal vertrauensvoll denen, die Bescheid wissen. Zwar weiß Valerie, daß im selben Spital, in derselben Abteilung, vor kurzem erst, eine radioaktive Leiche Scherereien verursacht hat, scheint das aber, die ganze Behandlungszeit über, verdrängt, ja, völlig vergessen zu haben. Und doch begegnet sie den Apparaten, den Prozeduren, denen sie ausgesetzt wird, mit größtem Mißtrauen.
– Diese Maschine über dir, ich schätze das Gewicht eines Lastwagens, schießt auf ein erbsengroßes Geschwür oder dorthin, wo das einmal war. Und daß alles so unspürbar vor sich geht, gerade das ist beunruhigend.
Aber angesteckt von der Angst der Ärzte, mit Angst und statistischen Zahlen erpreßt, hat sie sich den schlagkräftigeren Argumenten der Ärzte, auch deren Freundlichkeit und Besorgnis ergeben.
– Und jetzt folg ich eben, wie alle andern.
Man ist pünktlich, um den Betrieb nicht ins Schleudern zu bringen, man wartet geduldig, zieht sich, sobald man dazu aufgerufen wird, schnell aus, um in der Kabine halbnackt wiederum geduldig zu sitzen, bis man in den Bestrahlungsraum gerufen wird, geht schnell hinein, legt sich flugs auf den Schragen unter die große Maschine, die Panik der ersten Male hat sich in nächtliche Alpträume verwandelt, ich

wünschte, ich hätte statt der Völkerwanderung und den Schlachten des siebenjährigen Krieges etwas über Gammastrahlen und Cobalt, über Methylen-Diphosphat und über das Funktionieren eines Linearbeschleunigers gelernt, schaue jetzt, solange ich den Kopf noch bewegen darf, auf die Tafel, auf der mein Name und die verschiedenen technischen Daten aufleuchten, nachher unbeweglich auf die beiden Objektive des Videos, einmal direkt über mir, dann, nur die Augen darf ich noch bewegen, oben rechts. Die beiden Assistentinnen befestigen, sich französisch verständigend, mit geübten Griffen schnell einen Ansatz am Apparat, bewegen knopfdrückend, schaltend, mich auf dem Schragen und den Apparat aufeinander zu, bis das Feld auf meiner Brust dort liegt, wo einmal der Tumor war. Dann verschwinden sie, bevor sich die Eisentür mit einem Geräusch, leiser hier als beim Cobalt, schließt.

ACHTUNG STRAHLUNG

ZUGANG VERBOTEN

Das blinkende Alarmlicht und später, nach eineinhalb Vaterunsern (je nach Verfassung waren es beim Cobalt drei bis fünf gewesen; aber das ist ein anderes Kapitel), wird die Tür wieder geräuschvoll geöffnet, und ich werde befreit. Diese Mädchen sind so freundlich, und die Ärzte sind so freundlich, und es geht alles so reibungslos freundlich, schmerzlos schnell, einer nach dem anderen.

– Komm, sagt es, zeigt auf die oberste Stufe, komm rauf, zeigt DAS KIND, kann kaum reden, ruft noch etwas, während sich die Waggontür automatisch schließt. Hängt aus einem offenen Fenster, ungläubig schaut es mich an im Wegfahren, staunend, das gibts doch nicht.

Warum bin ich nicht aufgestiegen, denkt Valerie.
Warum kommt sie nicht, fährt sie nicht mit, denkt das Kind.
Warum hab ich es nicht weiterbegleitet?
Der leere Bahnhof. Valeries leichter leerer Arm, die leeren Hände. Und zuhause noch vom vorgestrigen Geburtstag, dem zweiten Geburtstag, die bunten Lampions über dem Eßtisch und überall Papierschlangen, halbabgerissen herumhängend und auf dem Boden. Der kleine gestrickte Teddybär mit dem von einem Hund zerfetzten Gesicht.

– Nein, ich schlafe nicht.
Die Kleine wollte ohne Valerie nicht einschlafen, hängte sich um ihren Hals, zog sie neben sich, Valerie blieb, ihr Gesicht gegen das Kindergesicht, liegen, schaute es, verliebt wie sie war, wie sie ist, an, daß es sowas wie dieses Kind gibt, daß das mein Kind ist, woran sie noch nicht recht glauben kann, bis es die Augen, diese schwarzen Augen schloß. Manchmal, erst selten, bald immer häufiger, schlief sie vor dem Kind ein.

– Schläfst du? fragt Franz.
– Laßt mich in Ruhe. Ja, mir gehts gut, ganz gut, so angenehm Sonne im Herzen wenns auch stürmt, werd ich jetzt doch imstand sein aufzustehn, ja endlich aufstehn und hinunter-, hinausgehen, ja doch, doch es sieht wieder mal nach Winter aus wie der Schnee durchs Fenster fällt und was mach ich nur gegen die Läuse am Hibiskus alle diese dreckig verlausten Äste. Nichts tu ich gegen das Ungeziefer.
Schon wieder Leichen im Blick.
Ich wünschte mir mal was Besseres.
Sauwetter.

Und da kommt die Mutter mit dem Tablett: ich soll schon wieder essen.
– Bitteschön, fang was an, solang du so herumliegst, kann doch nichts Besseres geschehn.

– Sag bitte schön bitteschön, bitte, sag bitte schön danke, sag lieber nichts, wie konnte ich mir nur das Kind wegnehmen lassen, bitteschön, laß sie sagen, was sie sagen wollen und wie sies dem Kind auch immer sagen wollen, sie werden ohnehin von jetzt ab das Sagen haben.
Es ist viel zu still in der Wohnung. Und was ich liegen lasse, bleibt liegen. Nichts gibt es fortzustellen, wenig aufzuräumen, vor dem Kind, weil es ihm gefährlich würde, nichts in Sicherheit zu bringen. Höchstens die Katze macht sich hinter die Papierstapel.

10

DAS KIND

Daran darf sie nicht denken.

11

DER SEE glitzert, und die Bise streicht in Wellen durch die schmalen silbrigen Weidenblätter, eben noch war es ein schöner Tag: ausgeschaltet, umgeschaltet mit einem Schlag.
Drüben auf der anderen Straßenseite liegt mitten auf der Fahrbahn ein Mann, und ein Sattelschlepper, mit langen Baumstämmen beladen, steht schräg neben einem ganz an den Straßenrand geparkten Personenwagen. Ambulanz und Polizeiautos, Polizisten und einige andere Leute stehen um den Mann, der auf dem Bauch liegt, den Kopf zur Seite, die Beine in der Grätsche angewinkelt wie die Arme, so als hätte er den Versuch, sich vom Boden abzustemmen, aufgegeben. Mit einem braunen Tuch wird sein Rumpf nur mangelhaft bedeckt. Zwischen ihm und dem Laster liegt ein Motorroller.
Was gestern beim Vorbeifahren in Sekunden zu sehen war, ist heute eingraviert, ein Bild, als wärs aus einem Traum: festgesetzt im Kopf, fixiert an diese Stelle vor dem Restauranteingang an der bergseitigen Ausfahrt, der Mann, der tot zu sein schien, in dieser Stellung, die ich in mir unwillkürlich nachvollziehe.
– Wie sieht man im Augenblick und auf Entfernung, daß einer tot ist? fragt Franz. Hätte er nicht ein Geräusch im Boden hören können?
– Nicht hinsehn, fahr schnell vorbei, aber dazu ist es bereits zu spät: Was du gesehn hast, was ich gesehn habe, klebt. Das Sehenwollen ist stärker.
– Die Neugier, sagt Franz.
– Das ist doch nicht Neugier. Fast täglich bring ich mich in

dieselbe Gefahr, der dieser Mann gerade erlegen ist. Sollte ich da nicht unbedingt erfahren, wie das ist, was einem geschieht? Ob ich seinem Gesicht ansehen kann, was er zuletzt gespürt, ob er etwas anderes als nur den tödlichen Schrecken empfunden hat.

– Was erhoffst du dir? fragt Franz: denn es handelt sich doch immer noch um Hoffnung, selbst hier. Daß im letzten Augenblick etwas geschieht, was nicht nur schrecklich ist.

– Könnten unsere lebenslangen Bemühungen so sinnlos sein: eine kleine falsche Bewegung, und du kommst unter die Räder, eine zertretene Schnecke, sagt Valerie.

– Etwas anderes als ein Schneckenleben ist deins, wie mein Leben auch, nicht gewesen, meint Franz. Hanna hat von buddhistischen Nonnen und Mönchen erzählt, die Skorpione sorgfältig, ohne sie dabei zu verletzen, mit Papiertüten einfangen, um sie dort, wo sie niemanden gefährden, wieder freizulassen.

– Meine Schmerzen bei der Geburt, Krämpfe für mich wie für das Kind, um in die Welt zu kommen, auf die Welt zu bringen, warum? Und der Kampf, um auf der Welt und am Leben zu bleiben. Am Ende der Todeskampf: Es ward ihnen gegeben, daß sie sie nicht töteten, sondern sie quälten fünf Monate lang; und ihre Qual war wie eine Qual vom Skorpion, wenn er einen Menschen schlägt. Und in den Tagen werden die Menschen den Tod suchen, und nicht finden; werden begehren zu sterben, und der Tod wird vor ihnen fliehen.

Neben der Fotografie einer hübschen, gutgekleideten jungen Frau, der stellvertretenden Chefredakteurin des New

England Journal of Medicine, die rechte Hand auf die Hüfte gestützt, in der Linken ein Heft oder eine Mappe im A-4-Format, wahrscheinlich das Dossier einer Studie, das Fazit einer Untersuchung: Im Verlauf von zweieinhalb Jahren sind von insgesamt 359 Krebskranken, deren Leidensweg beobachtet wurde, 75 Prozent der Schwerkranken gestorben, 26 Prozent der wegen Haut- oder Brustkrebs behandelten Patienten erlitten einen Rückfall. Während des Beobachtungszeitraums wurden die Probanden immer wieder über ihr Seelenleben befragt. Beim Vergleich der aus den Befragungen gewonnenen Daten zeigte sich, daß der seelische Zustand der Patienten keinen Einfluß auf den Todeszeitpunkt oder die Rückfallhäufigkeit hatte.
Proband, das bedeutet, Fragen, mein Seelenleben betreffend, beantworten zu müssen innerhalb nützlicher, das heißt dem Befrager zur Verfügung stehender Frist, denkt Valerie.
75 Prozent tot, 26 Prozent rückfällig.

In der Familie war ein allgemeines Sterben. Mir war schließlich, als wäre immer ein Toter im Haus und als müßte es so sein, schrieb Hodler.
– Das war wohl der Grund, warum er sich sein Leben lang um die Darstellung Sterbender und Toter bemüht hat, wie kaum ein anderer Künstler, sagt Franz.
Der tote Landarbeiter, 1876.
Die tote Bäuerin, 1876.
Augustine Dupin im Krankenbett mit strickender Mutter, 1885.
Louis Duchosal auf seinem Sterbebett, 1901.
Das Bild der sterbenden Augustine Dupin, 1909.
Die kranke Esther Jacques, 1917.

Esther Jacques auf ihrem Totenbett, 1917.
– Und wie oft hat er die kranke, die sterbende und dann die tote Valentine Godé-Darel gezeichnet, gemalt oder modelliert?
– Mehr als 50 Ölbilder hat Hodler von Valentine gemalt, 130 Zeichnungen und eine Plastik kennt man, aus ihren guten und schlechten Zeiten, und 200 Skizzen gibt es von ihr in seinen Notizbüchern.

– Ich will den Gesichtsausdruck dieses Toten sehn, vielleicht ist ihm das, was ich wissen will, anzusehn, vielleicht ist das, was ich hoffe oder das, was ich befürchte, zeichnend nachzuvollziehen.
Einbrechen und, vom Schreck gelähmt, untergehn.
– Hast du weniger Angst, das Nichts zu erkennen, weil du so oft schon versucht hast, das Sterben vorwegzunehmen?

Die drei jungen Katzen toben auf Valeries Bett, rennen respektlos über ihr Gesicht, klettern über den Berg, die Decke über ihren Knien, und wenn sie die Beine streckt, stürzen die Katzen ab, verharren verdutzt, lauern, den anderen mit dem Blick fixierend, sprungbereit, angriffig, verbeißen sich ineinander, lassen wieder voneinander, springen sich von neuem an, versuchen, einer den anderen umzulegen. Gefährlich, grausam, wie sie mit aller Kraft versuchen, den Bruder zu bezwingen, nur um sich gleich darauf gegenseitig sorgfältig zärtlich zu schlecken und, ineinander verschränkt, einzuschlafen.
– Kannst du dir etwas Vergnügteres, Lebendigeres vorstellen: Ich denk an wilde, neugierige Kinder, freche, wache,

grausame, vergnügte und zärtliche kleine Kinder, und ich denk auch an mein eigenes Kind und an mein eigenes Vergnügen: DAS IST ES. Das WAR es.
– Und was bedeuten dagegen schon die Stunden mit Schmerzen und Angst.
– Sowas sagt man wohl nur ohne Schmerzen und Angst.

– Allein die der Krankheit innewohnende Biologie bestimme die Diagnose, sagt Franz, er habe das gerade gelesen: ganz gleich, ob du an deinem Schicksal verzweifelst oder ob du positiv denkst,
– es wäre doch nachzudenken über dieses von den Ärzten und unzähligen wohlwollenden Laien immerfort verordnete positive Denken, die positive Lebenseinstellung, die wissen gar nicht, wovon sie reden.
– Ob du nun hoffnungsvoll lebst oder ob du verzweifelst, die Überlebenschancen seien die gleichen. Kein Grund, auch noch über die Verzweiflung zu verzweifeln, selbst wenn das der landläufigen Ansicht widerspricht.
– Denk dir, wenn nicht als Hilfe, dann zum Trost, ein leuchtend aprikosenorangerosa Abendrot!

– Angst vor der Erkenntnis: es gibt nichts mehr?
– Oder gar keine Erkenntnis.
– Oder die, daß es nichts braucht, daß am Ende alles aufgegangen ist. Daß alles ganz anders ist als vermutet.

– So, und jetzt können Sie alles vergessen, sagt der Oberarzt wohlgemut, so vergnügt, wie er sie zum Anfang der Bestrahlungen auf den Reichtum der jetzt auf sie zukommenden Erfahrung hingewiesen hatte.

– Als ob das ganz leicht wäre.
Valeries Kopf ist immer noch ein summendes, in Aufruhr geratenes Gehäuse. Manchmal gelingt im Gespräch mit fast Fremden ein wenig Distanz zu dem, was sie ununterbrochen bewegt. Nachts steigen die Ängste auf, fast so regelmäßig wie die Flut. Trotz eines langen Schlußgesprächs mit dem Oberarzt.
– Was geschieht mit dem Knochen- und Lungengewebe, dort wo die Strahlen neben der Narbe in die Rippen und die Lunge eingedrungen sind?
Der Oberarzt sagt ihr seine Meinung, keine gute Meinung, über die letzten Arbeiten von Beuys, eine unwiderlegbare Diagnose, und als sie an ihre Frage erinnert:
– So bald werden die Knochen nicht brechen, dazu braucht es Wochen oder Monate, und soviel Rem haben Sie gar nicht bekommen.
Er sagt, die Aufsättigung, das seien 1000 zusätzliche Einheiten gewesen; Valerie meint, es waren 2000, der Oberarzt setzt zu einer Entgegnung an, aber
– 8 mal 250 Rem, werden vom Assistenzarzt bestätigt.
(Wieso weiß der Oberarzt das nicht? Hätte die Hälfte genügt? Wie wäre ich behandelt worden, wenn er nicht frei gehabt hätte bei der letzten Untersuchung, als diese »Aufsättigung« verschrieben wurde?)
– So, und jetzt können Sie alles vergessen! Wohlgemut.

Die Reise war herausfordernd in jedem Sinn, unverhofft, schwierig, traurig.

Liebe Valerie,
wie es dir wohl gehen mag? Ich bin wieder heimgekehrt, aber in Gedanken, dem Herzen, allen Erinnerungen immer

noch in China. Ich gehe hier wie im Traum umher. Ich habe dir etwas Kleines gefunden. Die Reise war herausfordernd in jedem Sinn, unverhofft, schwierig, traurig, mit unermeßlichen Ausblicken, schon jetzt habe ich starkes Heimweh nach den unwiderstehlich fröhlichen chinesischen Gesichtern. Dir alles Liebe, Gute, Gesunde Gertrud

– Wie gut du aussiehst! Ganz verwundert tönt das.
– Ja, ich schwimme fast täglich.
Und wieder: wie gut Sie aussehn! Dieser forschende Blick: man müßte doch das, was sie durchgemacht hat, an ihr ablesen können.
Valerie versucht, ihr Unbehagen lachend wegzuwischen:
– Die Seeluft, ein Glücksfall, dieser schöne Sommer. Mein Gott, es sieht aus, als wär er enttäuscht, was vermißt er denn? fiebrige Augen, eingefallene Wangen?
Unter den abtastenden Blicken fühlt sie sich zusammensacken, morsch werden: das gesunde Aussehen könnte doch tatsächlich nichts als Sonnenbräune sein, könnte über meinen wirklichen Zustand hinwegtäuschen, nur Tünche sein auf einem im Innern unaufhaltsam zerbröckelnden Gebäude.

Die fünf aufgebahrten Lawinenopfer in der Kapelle des Wintersportortes. Jeden Abend mußte ich, zwölfjährig, an den hellen Kapellenfenstern, an den Toten vorbei. Es schneite seit Tagen und hörte nicht auf zu schneien, und an eine Beerdigung oder an Abtransport, an Abreise war nicht zu denken, Lebende und Tote schienen in die Falle gegangen. Im Skidreß, braungebrannt, lagen sie da, einer neben dem anderen.

Den ganzen Morgen schon diese unbestimmte Angst, während Valerie ziellos von einem Zimmer ins andere geht, lüftet, das gestrige Geschirr mit dem vom Frühstück abwäscht, so geht das also weiter, zuviel Durchzug, die Fenster eins ums andre wieder schließt, so würde das unbeirrbar weitergehen, daß sie sie nicht töteten, sondern sie quälten fünf Monate lang, Angst, während sie die Polster aufschüttelt, so sehr sie versucht, diese Bilder und Zeichnungen loszuwerden, die lassen sich nicht mehr verscheuchen: so lange geht das, den Tod suchen und nicht finden, begehren zu sterben, und der Tod wird fliehen, so sieht das aus, so schnell, so kurz, so furchtbar lang dauert das, hier schaust du immerhin noch passabel aus, und was man nur zu leicht vergißt: auch in guten Zeiten siehst du plötzlich im Spiegel ein uraltes, ein Totengesicht, siehst alles unmöglich Mögliche, Franz kann dich auch so malen, als wärst du schon dort, drei Stationen weiter, noch geht es ja, du gehst herum, und es geht recht gut, so liegt noch einiges an Freude? sogar an Freude liegt noch einiges drin.

Jede schmerzfreie Minute ist eine glückliche Minute. Das Wohlbefinden, dieses Glück, ist mir noch nie so bewußt geworden. Nie war Glück etwas so Einfaches. Und noch nie war ich entschlossener als jetzt, es wahrzunehmen bis aufs letzte.
– Glück: schweig lieber davon, sei doch still! Wie verdächtig kommt mir einer vor, der dieses Wort betont, es immerfort nennt.
Kaum ist Valerie an einem neuen Ort angekommen, wird sie von einem Nachbarn eingeladen. Sonntag nachmittag sitzt man unter dem Sonnenschirm, stolz zeigt der Besitzer auf Blumenrabatten, den geschorenen Rasen, sein hübsches

Haus und redet, als wollte er sie von Zweifeln befreien (hat sie denn etwas dergleichen gesagt?), vom Glück:
– Was wollen Sie mehr?
Mehr vom Glück ganz allgemein, auf das sein persönliches Glück hinzuweisen, das es sogar zu beweisen schien, und an dem sie, wie jedermann, beteiligt zu sein zugeben sollte. Dieses wiederholte Nennen, war das nicht eher Beschwörung?
Bei einer Zugbekanntschaft erfährt sie dasselbe: der Hinweis auf eine komfortable Wohnung; als würden die Beteuerungen dieser Dame, sehr glücklich zu sein, auch Valerie zum Glücklichsein verpflichten. Und hier die Aussicht auf die sich von einer Jahreszeit zur anderen verändernden alten Bäume, die Fotos und das Porzellan auf dem Kaminsims, der liebevoll gepflegte Beweis: all das ist mir, wie es sich gehört, zugefallen, könnte deshalb jedermann, auch Valerie, wenn sie nur wirklich wollte
sie will das Wort für sich behalten, nicht ausstellen, aus Furcht, vom Herzeigen könnte das, was es benennt, abgegriffen, verdorben oder gar zerstört werden.

Er kommt, sieh da, er kommt öfter als sonst. Schweigsamer auch als sonst sitzt er da. Immer kürzere Einleitungen: wie es ihr gehe, wie sie die Nacht verbracht habe, wie ihr Appetit sei, wieviele Pillen, wieviele Spritzen, immer schneller versucht er zur Sache zu kommen, greift zum Block, zum Bleistift.
Je nun, wenigstens das, daß meine Krankheit, der Verlauf meiner Krankheit, wie er sich in meinem Aussehen manifestiert, ihn interessiert. So ist mein Verfall für etwas gut, er kann ihn studieren, ihn aufzeichnen: das Sterben, sein Thema, ich bin sein Modell mehr denn je.

Ich spür seinen kurzen intensiven Blick, er kommentiert meist, was er tut,
– wie diese Stirne aus der Nasenwurzel steigt. Und der Verlauf der Nase. Nochmal. Härter. Der Schatten dieser schweren Lider. Halbgeschlossen, so. Da brauchte ich Farbe.
Ich höre den Stift auf dem Papier und zerfalle unter den auf Einzelheiten konzentrierten Augen in lauter Teilstücke: Nase und Lippen und Kinn und Stirn und Ohr und Auge und Hals und Haar und Hand
Er ist da, neben mir im Zimmer, unendlich weit weg.
Wenn ich die Luft einziehe, das leiseste Stöhnen verstört seinen aufs Papier gerichteten Blick, gleich, es fehlen nur noch wenige schnelle Striche, wird er aufstehen, und es könnte sein, daß er drei, vier Tage nicht wiederkommt.

– Wie verbraucht, wie aufgeweicht ich bin.
Seit vier Monaten hat Franz nichts von sich sehen oder hören lassen.

12

SO VIEL ZEIT hat sie nun nicht mehr.
– Das weiß ich, aber woher sollte sie das wissen? Ahnt oder kennt jeder sein Pensum?
Am Himmel erscheinen fliegende Figuren mit eigenartig, wie bei Schwimmbewegungen, gebeugten Armen und Beinen an klobigen Körpern, weit weg, klein und einzeln, schnell werden sie größer, fliegen immer dichter beieinander, bis der ganze Himmel überschattet ist, dunkel von diesen rasch sich nähernden Wesen, die von weitem, Himmel und Figuren gleichförmig, positiv und negativ genau gleich, an Holzschnitte von Escher erinnern, und gerade solche, die Valerie nicht mag, deren Ausdruck ihr unsympathisch, im Innersten zuwider ist. Sie läuft zu den ihr nächsten Menschen, sie zu benachrichtigen, rennt, sie tut, was sie kann, um zu warnen, wen sie kann, vergebens. Alles mißlingt, sie ist nicht imstande, sich verständlich zu machen, die Gefahr glaubhaft mitzuteilen: Die Fliegenden mit ihren Menschengesichtern kommen im Sturm immer näher, während unten alles seinen gewohnten ruhigen Gang geht in einer sich zusehends verdunkelnden Landschaft. Vom Himmel ist fast nichts mehr zu sehen.
Müdigkeit in den Händen, Schmerzen im Arm, bald kann sie vielleicht nicht einmal mehr schreiben: eine Angst, die während der gestrigen Einladung beim vergeblichen Bemühen, Hummerklauen auseinanderzureißen, aufgekommen ist.
Vor jedem Restaurant in Guilin könne man die lebendigen Tiere, die man zu verspeisen wünsche, selber auswählen. Da wimmelten in engen Käfigen Schlangen, Echsen, Schild-

kröten, kleine Vögel, Hühner, allerlei Nagetiere, Hunde und Katzen.
Die Chinesen knackten die Scheren der Krebse mühelos mit den Zähnen.
– Versuchs doch auch.
Denn die Hände sind, trotz aller Arbeit, völlig kraftlos.
– Hoffentlich nicht der Anfang einer bösen Entwicklung.
– Schuldgefühle?
Wie grausam das ist, was sie da tut, wie sie beim Töten zuschaut und was sie geschehen läßt: Der Dampf vergeht, sobald man die lebendigen Hummer in die Pfanne wirft, dann die entsetzlich langen Minuten, bis sich der Sud genügend erhitzt, um neuen Dampf zu entwickeln. Jetzt, nachts, kommt die Rache.
– Die gepanzerten Figuren am Himmel konnten so gut fliegen wie schwimmen. Diese gräulichen Ungeheuer waren schon über mir, riesig, überall, wo man hinschaute, bereit, über mich wie über alle und alles herzufallen, die Situation schien hoffnungslos, das Ende direkt vor mir, und im dampfenden Nebel, der aus dem Boden aufstieg, versuchte ich, mich davonzumachen, hinter Häuserecken und in Türen, die doch ebensogut Feinde verbergen konnten, mich zu verstekken. Dunkle schmale Gestalten traten lautlos aus dem Schatten, überraschend packten sie die Angreifer, gemeinsam fesselten wir sie mit Riemen, die wir wie Gürtel aus der Taille zogen, und bald lag einer um den anderen gebunden am Boden. Ohne daß dadurch ein Gefühl von Sicherheit aufgekommen wäre, denn es waren viele, wer weiß wieviele der Angreifer noch übrig.
In dem Bett, in dem sie das geträumt hat, ist ihr Vater ein Jahr zuvor an Krebs gestorben.
– Ohne Pistole.

– Er ist da, neben mir im Zimmer.

Ganz erschlagen. Eine Kur, die ihr hätte helfen sollen, entläßt sie völlig ausgewrungen. Kaum fängt sie an zu denken, versickern die Bilder, die Wörter verfliegen, und wie in eine weiche Masse taucht sie in seichten Schlaf ein, aus dem heraus eine Membran aufnimmt, was um sie her geschieht, und ihr halbverhüllte Meldungen herunter vermittelt Töne Lichtverschiebungen Schattenbewegungen auf die zu reagieren ich zu lasch bin zu schwer

Ob er wirklich weiß, wie ihr zumute ist? Die immer häufiger auftauchenden Schatten (ich nenn es jetzt mal Schatten), die von überallher auf sie zuwachsen in zunehmender Schnelligkeit, je näher sie ihr kommen.
Sie hatte gewußt, daß es das gab, aber doch nicht unbedingt für mich, und jetzt steht es da, groß, schwer übermächtig ein Gangster setzt mir die Pistole an die Brust, du kannst dich nicht wehren, wie mutig du bis jetzt gewesen sein magst, der wankt nicht, wie könnt ich nur mit einer feinen schlangengleichen Wendung mich aus der Falle ziehen, ihm die Waffe entwinden, doch er errät Gedanken, grinst, ist vor hinter über unter mir das Ungeheure ist auch in mir, da gibts nichts mehr zu überlegen, es stößt die Mündung ins Fleisch, daß es schmerzt, glaub endlich das Unglaubliche, denk endlich das Unausdenkliche, wenn du Zeit dazu hast, vielleicht, hoffentlich, geht es rasch.

Der Überlebende hat sowieso recht. Franz hat immer recht, und erst recht der überlebende Franz wird recht behalten.

Man wird meine Bilder, seine Zeichnungen und Bilder betrachten und Mitleid haben: mit ihm. Wie sichtbar ist sein Leiden geworden!
– Sie hat ja nichts mehr davon gemerkt, wenigstens hat sie sich beim Sterben nicht zusehen müssen.
Man wird sich aus Selbstschutz mit dem Maler identifizieren, mit seinem Leiden, dem einzigen, das man, bevor man nicht selbst von der Krankheit erfaßt wird, nachfühlen kann. Wer überlebt, behält recht. Ich will überleben. Nur leben, nicht recht haben. Aber das Sterben scheint ansteckend zu sein.

Wie hat mich, nach dem letzten Besuch bei einer alten Freundin, ein elender Geruch verfolgt. War er an den Fingern haften geblieben? Ich hatte die Kranke gestreichelt. Die Finger stanken aber nicht. Waren es die Kleider, die den Sterbezimmergeruch aufgesaugt hatten? Andere rochen nichts:
– nein, wirklich nicht.
Der Geruch von Sterben war, nur für mich wahrnehmbar, in mich eingedrungen, er folgte mir, verfolgte mich stunden-, tagelang, ich konnte ihm nicht entrinnen und hielt mich von anderen fern, ich wollte mir, allen Beteuerungen zum Trotz, nicht vorstellen, daß nur ich diesen Gestank in der Nase hatte. Auch heute noch, nach drei Jahren, ist er momentweise und grauenhaft wieder da.

Laß es jetzt gut sein, es reicht!
Laß es nicht weiter geschehn
es stünde in deiner Macht
sagt man
und doch wissen alle, wie es weitergehen wird, das ist be-

kannt, wie es einmal, vom Ölberg aus, weitergegangen ist.
Alles schon vorweggenommen. Das Unerträglichste ist denkbar, ich kann es mir ausmalen, es ist unzählige Male dargestellt, in allen Einzelheiten beschrieben und auch eindrücklich und gräßlich gemalt worden. Ich muß diesen Film nicht bis zum Ende ansehen. Jeder, auch ich, weiß leider, was unausweichlich auf den, der dort verzweifelt seinen Vater um Gnade anfleht, zukommt.
Seine liebsten Freunde schlafen unter dem alten Olivenbaum, sie haben ihn ein Stück weit begleitet und versprochen, zu warten und zu wachen. Um einschlafen zu können, muß man entspannt sein, braucht es innere Ruhe, kein aufgewühltes, verängstigtes oder gar entsetztes Gemüt. Solange ich atme, lebe ich, solange ich schmerzlos atme, fühle ich mich gesund, solange ich mich nicht fürchte, lebe ich gut. Wer weiß, morgen, vielleicht schon sehr früh, wird es Grund geben, mich zu ängstigen, solange ich nicht leide und auch niemanden leiden sehe, hab ich nichts zu fürchten, gute Nacht, morgen früh, wenn Gott will, wirst du
Der Schmerz und die Angst sind unteilbar und fallen in ihrer ganzen Schwere auf einen. Später, allerdings erst, nachdem er darunter zusammengebrochen ist, trägt ein anderer für ihn das Kreuz. Ein Stück weit ist er erleichtert: das Kreuz ist ein schweres, hartes Kreuz und keine Metapher.
Schreie, mitten aus einem bunten Rudel Menschen, darunter viele Soldaten, diese entsetzlichen Schreie, und wer nicht flieht davor, läuft hin, lüstern, nicht um einem zu helfen.
– Übrigens gar kein ungewöhnlicher Tod, die übliche Hinrichtungsart, er wird Gekreuzigte schon öfters gesehen haben. Die römischen Straßen waren streckenweise von Kreuzen gesäumt, sagt man.

Wie ein Tier wird der sich brüllend aus den Griffen windende, verzweifelt um sich schlagende Mann gepackt und auf die Balken genagelt. Und der zum gleichen Verurteilte muß mitanhören, muß mitansehen
im nächsten Augenblick
jetzt
geschieht das mir
das ist es
und ich atme lebe noch

Valerie kann ihren Blick nicht von Franz wenden: Ihr ist, als zöge er mit jedem Bleistiftstrich ein Stück Oberfläche, ihre Haut, Stück um Stück ein Stück ihres Lebens von ihr ab. Ich bin jetzt nicht mehr, was ich heute früh war. Ohne das Blatt zu sehen, weiß ich, daß ich mich verändere, daß meine Erscheinung sich stündlich von seiner Zeichnung entfernt.
Und er weiß das auch und fährt fort zu zeichnen. (Das Wesen des Dargestellten in seiner Unbedingtheit wachzurufen.)
Was ist das für ein Mensch, der alles aufzeichnen, sichtbar machen muß, als ginge ich ihm so nicht für immer verloren.
Ihm geht es um seine Bilder (mein Werk nach den Maßen meiner Erfahrung, meines Herzens und meines Geistes): Er will weder sich selbst noch die Betrachter täuschen. Er will überleben.

Zu danken ist Kurt J. Rosenthaler (Basler Magazin, 10. 8. 85) und Viktor Niedermayer (Die Weltwoche, 8. 8. 85) für ihre China-Reiseberichte.

Bibliothek Suhrkamp

Verzeichnis der letzten Nummern

871 Hans Magnus Enzensberger, Der Menschenfreund
872 Emmanuel Bove, Bécon-les-Bruyères
873 Max Frisch, Biografie: Ein Spiel, Neue Fassung 1984
874 Anderson/Stein, Briefwechsel
875 Rafael Sánchez Ferlosio, Abenteuer und Wanderungen des Alfanhui
876 Walter Benjamin, Sonette
877 Franz Hessel, Pariser Romanze
878 Danilo Kiš, Garten, Asche
879 Hugo von Hofmannsthal, Lucidor
880 Adolf Muschg, Leib und Leben
881 Horacio Quiroga, Geschichten von Liebe, Irrsinn und Tod
882 Max Frisch, Blaubart
883 Mircea Eliade, Nächte in Serampore
884 Clarice Lispector, Die Sternstunde
885 Konrad Weiß, Die Löwin
886 Tania Blixen, Moderne Ehe
887 Jean Grenier, Die Inseln
888 Thomas Bernhard, Ritter, Dene, Voss
889 Max Jacob, Höllenvisionen
890 Rudyard Kipling, Kim
891 Peter Huchel, Die neunte Stunde
892 Scholem-Alejchem, Schir-ha-Schirim
893 Ferreira Gullar, Schmutziges Gedicht
894 Martin, Kessel, Die Schwester des Don Quijote
895 Raymund Queneau, Mein Freund Pierrot
898 E. M. Cioran, Widersprüchliche Konturen
899 Thomas Bernhard, Der Untergeher
900 Martin Walser, Gesammelte Geschichten
901 Leonora Carrington, Das Hörrohr
902 Henri Michaux, Ein gewisser Plum
903 Walker Percy, Der Kinogeher
904 Julien Gracq, Die engen Wasser
906 Richard Weiner, Spiel im Ernst
907 Gertrude Stein, Jedermanns Autobiographie
909 Marie Luise Kaschnitz, Menschen und Dinge 1945
910 Thomas Bernhard, Einfach kompliziert
911 Alexander Kluge, Lebensläufe
912 Michel Butor, Bildnis des Künstlers als junger Affe
914 Wolfgang Koeppen, Der Tod in Rom
915 Catherine Colomb, Das Spiel der Erinnerung
916 Bohumil Hrabal, Sanfte Barbaren
917 Tania Blixen, Ehrengard
918 Bernard Shaw, Frau Warrens Beruf
919 Mercè Rodoreda, Der Fluß und das Boot
920 Adolf Muschg, Dreizehn Briefe Mijnheers
922 Anatolij Kim, Der Lotos

923 Friederike Mayröcker, Reise durch die Nacht
924 Stig Dagerman, Deutscher Herbst
926 Wolfgang Koeppen, Tauben im Gras/Das Treibhaus/
Der Tod in Rom
927 Thomas Bernhard, Holzfällen
928 Danilo Kiš, Ein Grabmal für Boris Dawidowitsch
929 Janet Frame, Auf dem Maniototo
930 Peter Handke, Gedicht an die Dauer
931 Alain Robbe-Grillet, Der Augenzeuge
933 Paul Celan, Gedichte 1938-1944
934 Leonid Leonow, Evgenia Ivanovna
935 Marguerite Duras, Liebe
936 Hans Erich Nossack, Das Mal und andere Erzählungen
937 Raymond Queneau, Die Haut der Träume – »Fern von Rueil«
939 Franz Hessel, Alter Mann
940 Bernard Shaw, Candida
941 Marina Zwetajewa, Mutter und die Musik
942 Jürg Federspiel, Die Ballade von der Typhoid Mary
943 August Strindberg, Der romantische Küster auf Rånö
945 Hans Mayer, Versuche über Schiller
946 Martin Walser, Meßmers Gedanken
947 Ödön von Horváth, Jugend ohne Gott
948 E. M. Cioran, Der zersplitterte Fluch
949 Alain, Das Glück ist hochherzig
950 Thomas Pynchon, Die Versteigerung von No. 49
951 Raymond Queneau, Heiliger Bimbam
952 Hermann Ungar, Die Verstümmelten
953 Marina Zwetajewa, Auf eigenen Wegen
954 Maurice Blanchot, Thomas der Dunkle
955 Thomas Bernhard, Watten
956 Eça de Queiroz, Der Mandarin
957 Norman Malcolm, Erinnerungen an Wittgenstein
958 André Gide, Aufzeichnungen über Chopin
959 Wolfgang Hoffmann-Zampis, Erzählung aus den Türkenkriegen
961 August Scholtis, Jas der Flieger
962 Giorgos Seferis, Poesie
963 Andrzej Kuśniewicz, Lektion in einer toten Sprache
964 Thomas Bernhard, Elisabeth II.
965 Hans Blumenberg, Die Sorge geht über den Fluß
966 Walter Benjamin, Berliner Kindheit, Neue Fassung
967 Marguerite Duras, Der Liebhaber
968 Ernst Barlach, Der gestohlene Mond
970 Christine Lavant, Gedichte
971 Catherine Colomb, Tagundnachtgleiche
972 Robert Walser, Der Räuber
974 Jan Józef Szczepański, Ikarus
976 Juan Carlos Onetti, Grab einer Namenlosen

Bibliothek Suhrkamp

Alphabetisches Verzeichnis